Eibsee Bayern · 05:10 06/2020 · 24 mm f2.5 1/6000 ISO250

Freudiges Wiedersehen

Marina Weishaupt

← Es gibt Orte, die man immer wieder gerne besucht und egal, wie oft man sie schon gesehen hat – irgendwie entdeckt man sie doch immer wieder in einem neuen Licht. Ein solcher Ort ist für mich der wunderschöne Eibsee am Fuße der Zugspitze. In diesem Fall erkundete ich ihn zusammen mit drei guten Freunden, von denen zwei auf dem Foto zu sehen sind. Ein Sommermorgen, an dem die Wetterbedingungen so optimal waren, dass die gigantischen Zweitausender bereits lange vor Sonnenaufgang leuchteten.

german ROAMERS

Eine Reise mit dem Licht durch Deutschland

Ein Projekt von
Johannes Höhn, Lennart Pagel und Leo Thomas

GRÄFE UND UNZER

Sellin
Mecklenburg-Vorpommern

11:00
02/2021

24 mm
f15.6 1/2000 ISO100

Eine Community – eine Leidenschaft

#weroamgermany – Seit Januar 2015 steht unser Hashtag nicht nur für spektakuläre Deutschlandbilder, sondern an erster Stelle für eine Community aus gleichgesinnten Fotograf:innen. Sie bildet das Zentrum des Roamers-Universums. Gegenseitige Inspiration, gemeinsames Kreativsein, zwischenmenschlicher Austausch – unsere Kernideen basieren auf einem kollektiven Ansatz.

Mit den Jahren ist rund um die German Roamers eine Szene talentierter deutscher Landschafts- und Outdoor-Fotograf:innen entstanden. Jeder einzelne Beitrag trägt zum Gesamtbild unserer Bewegung bei.

Mit unserem zweiten Bildband möchten wir diese großartige Entwicklung der letzten Jahre festhalten und würdigen. Wir haben dafür neben der German Roamers-Crew der ersten Stunde unsere liebsten Fotograf:innen aus der Community eingeladen. Gemeinsam haben wir uns alt- und unbekannte Orte in Deutschland aufgesucht, um diese einzufangen und neu zu interpretieren.

Beim Fotografieren im Freien ist das Licht eine der faszinierendsten Komponenten. Es lässt Landschaften in unterschiedlichsten Farben erstrahlen und verwandelt diese in magische Orte. Sei es das Orangegelb, das in der Früh die verschlafene Umgebung aufweckt, oder die klaren Farben, die die Mitte des Tages leuchten lassen. Die dramatischen Rottöne, die den Abendhimmel zum Glühen bringen, oder die blaue Stunde, in der eine mysteriöse Ruhe einkehrt. Und natürlich die Nacht, wenn am Himmel zahllose Sterne leuchten. Jeder dieser Lichtmomente ist einzigartig und bietet einmalige fotografische Gelegenheiten.

Während des Entstehungsprozesses dieses Buches haben wir Tausende von Fotos unserer Community aus den letzten Jahren gesichtet. Die finale Auswahl fiel uns mitunter schwer und stellte uns vor größere Herausforderungen als gedacht. Vor allem aber war es fantastisch festzustellen, wie vielseitig und talentiert sich die Gemeinschaft der Outdoor-Fotograf:innen rund um die German Roamers entwickelt hat. Das macht uns stolz und zeigt:

Fotografieren in der Natur vermag auf wundersame Weise Menschen miteinander zu verbinden und eine große kreative Energie freizusetzen.

Dieses Buch ist eine Zusammenkunft von fotobegeisterten Landschaftsfreund:innen, die euch mitnehmen auf eine Reise mit dem Licht durch Deutschland.

Johannes, Lennart und Leo von den German Roamers

Tageslicht

(094–147)

Morgenlicht

(010–093)

Abendlicht

(148–181)

Nachtlicht

(182–233)

01 **Anskar Lenzen**
@anskar.lenzen
(005, 012–013, 022, 023, 046–047, 156, 157)

02 **Anton Baranenko**
@bantko
(090, 110, 223)

03 **Arthur Litau**
@arthurlitau
(162–163)

04 **Asyraf Syamsul**
@asyrafacha
(111)

05 **Daniel Ernst**
@daniel_ernst
(032, 061, 120, 125, 128–129, 133)

06 **Dominic Lars**
@dominiclars
(028, 089, 142–143)

07 **Felix Gänsicke**
@felixpams
(016, 026–027, 112, 118, 146–147, 154, 170–171, 212)

08 **Florian Wenzel**
@flopunktwe
(014, 015, 038, 049, 051, 062, 076–077, 082, 088, 158, 187, 216–217, 230, 233)

09 **Frauke Hameister**
@frauki
(074, 205)

10 **Frederik Schindler**
@frederikschindler
(190, 228, 229)

11 **Hannes Becker**
@hannes_becker
(042, 043, 240–Nachsatz)

12 **Jannik Heck**
@jannxyz
(083)

13 **Jannik Obenhoff**
@jannikobenhoff
(126)

14 **Johannes Höhn**
@pangea
(034, 035, 041, 044, 085, 092–093, 134, 167, 177, 178, 191, 192)

15 **Kerstin Maier**
@kerstingetslost
(091, 102, 103, 166)

16 **Kilian Schönberger**
@kilianschoenberger
(020, 054, 202–203, 208, 209, 210)

17 **Lea Milde**
@lea.milde
(135, 164)

01

02

03

04

05

06

07

08

09

10

11

12

13

14

15

16

17

18 **Lennart Pagel**
@lennart
(004, 024, 029, 030, 031, 033, 064, 068, 078, 098, 099, 100, 101, 113, 114–115, 117, 136, 138, 140, 150–151, 155, 168, 175, 179, 181, 188, 189, 194–195, 199, 211, 213, 220, 231)

19 **Leo Thomas**
@theolator
(036, 037, 079, 106–107, 108, 109, 119, 122, 124, 137, 152, 174, 176, 184, 185, 196, 197, 198, 214, 224, 225, 227)

20 **Linda Zimmermeier**
@linzimda
(017)

21 **Manuela Palmberger**
@manuela_palmberger
(048, 066)

22 **Manuel Dietrich**
@manueldietrichphotography
(067, 087, 131, 222, 234)

23 **Marina Weishaupt**
@marinaweishaupt
(Cover, Vorsatz-001, 040, 050, 052, 096–097, 160, 165, 186, 226, 233)

24 **Max Fischer**
@iamarux
(018, 019, 055, 057, 063, 139, 169, 218)

25 **Max Muench**
@muenchmax
(056, 072, 080, 104, 121, 130)

26 **Natascha Klein**
@tashi_ka
(153)

27 **Nikolaus Brinkmann**
@patheight
(021, 132)

28 **Patrick Monatsberger**
@moners
(084, 145)

29 **Philipp Heigel**
@philippheigel
(069, 081)

30 **Roman Königshofer**
@rawmeyn
(071)

31 **Steffen Egly**
@steffenegly
(053, 058–059, 065, 200)

32 **Steven Weisbach**
@stevenweisbach
(073, 159, 201, 219)

33 **Thomas Glomm**
@journey.tom
(070, 086, 144, 173, 206, 207, 221)

18

19

20

21

22

23

24

25

26

27

28

29

30

31

32

33

Morgenlicht

/ˈmɔʁɡn̩ˌlɪçt, Mórgenlicht/

Lichtschein, der sich beim Übergang von der Nacht zum Tag einstellt

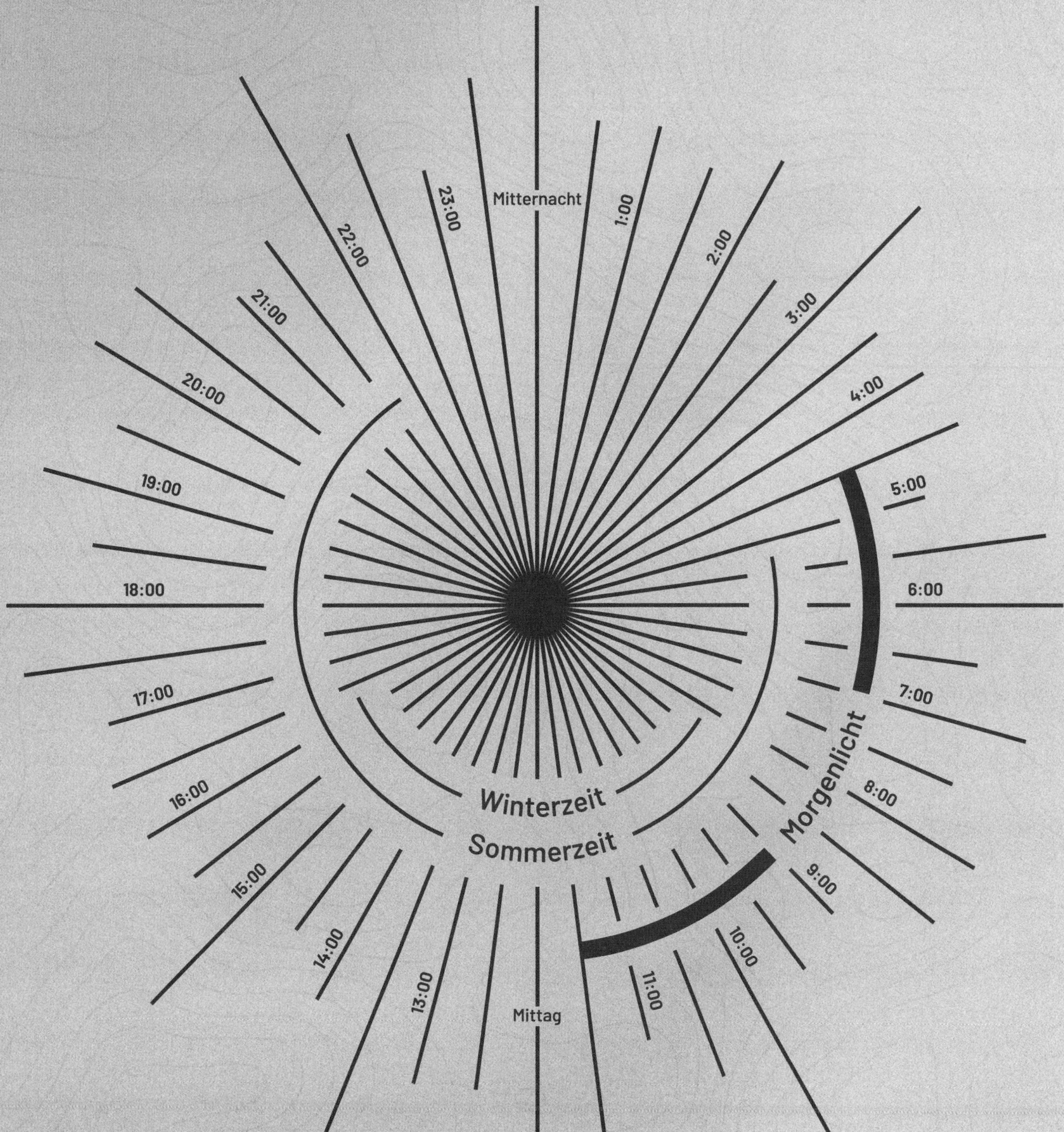
Mitternacht
1:00
2:00
3:00
4:00
5:00
6:00
7:00
8:00
9:00
10:00
11:00
Mittag
13:00
14:00
15:00
16:00
17:00
18:00
19:00
20:00
21:00
22:00
23:00
Winterzeit
Sommerzeit
Morgenlicht

MORGENTAUFE

EIN BRUCH DER DUNKELHEIT
SCHÜTTEL DEN GLANZ DER NACHT AB
LICHTGESTALT

DEIN WEG
HELL ERLEUCHTET
AM ABHANG ENTLANG
IN DEN TAG HINEIN

WOHER
KENNEN DIE VÖGEL IHR LIED
DEN AUFGESANG DER ZEIT

ALLES BLEIBT STEHEN
IN DER SCHNELLIGKEIT
DES WESENS

DIE STERNE AM TAG
SIE WEISEN DEN WEG
HINAUS
AUF DEN BELEUCHTETEN PFAD

Leipheimer Moos
Bayern
06:47
05/2021
150 mm
f5.0 1/6400 ISO800

Der richtige Zeitpunkt

Florian Wenzel

↑ Das Leipheimer Moos ist einer meiner Lieblingsorte. Vor allem bei Nebel zieht es mich oft in das Naturschutzgebiet an der Landesgrenze zwischen Bayern und Baden-Württemberg. So wie an dem Tag als mir dieses Foto von den zwei Rehen unter dem riesigen Baum glückte. Ein Motiv, das mir in den Kopf kam, als ich im wundervoll diffusen Morgenlicht ein einzelnes äsendes Reh entdeckte. Ich setzte mich ins Gras und hoffte, dass es sich unter den Baum bewegen würde, was es leider einfach nicht tat. Ich wollte schon einpacken und den Rückweg antreten. Doch dann kamen wie aus dem Nichts zwei weitere Rehe und erfüllten mir meinen Wunsch. Einer dieser unwahrscheinlichen Momente, die ich an der Fotografie so sehr liebe.

Ländliche Romantik Florian Wenzel

↓ Auf meiner Suche nach Bodennebel hat es mich im Spätherbst zum Fuße der Alpen verschlagen. Mich faszinieren diese Momente ganz einfach, in denen sich Dunst über die Landschaft legt und sie einem vollkommen anders als gewohnt erscheint. So wie auf diesem Bild, das an einer Landstraße in der Nähe von Bad Wurzach im Allgäu entstanden ist. Ich sah aus dem Auto, wie Nebelschwaden im zartgoldenen Sonnenlicht durch die Täler zogen, und hielt an. Durch den Einsatz einer Brennweite von 189 mm und die Kompression des Objektivs ist es mir gelungen, die Kirche in der Ferne deutlich dichter ans Bergpanorama zu rücken, als es tatsächlich der Fall ist.

Oberschwaben
Baden-Württemberg
07:41
11/2020
189 mm
f5.6 1/800 ISO400

Feldberg
Mecklenburg-Vorpommern
04:36
06/2021
85 mm
f3.2 1/2500 ISO400

Eisvogel Felix Gänsicke

↓ Morgens um halb fünf: Ich sitze mit meiner Schwester in einem Holzverschlag und wir warten darauf, dass der Eisvogelvater die an der Uferböschung brütende Mutter mit kleinen Fischen versorgt. Wir befinden uns in der Nähe von Feldberg, einer Ortschaft der mecklenburgischen Seenplatte, der See vor uns liegt in dichtem Nebel und erscheint in einem zart orangenen Sonnenlicht. Plötzlich ein leises Fiepen, dann ein wildes Flattern – und zack, da ist er, der Vogelpapa. Er sitzt direkt vor uns auf dem Ast und übergibt den kleinen Fisch in seinem Schnabel an seine Gefährtin im Nest. Und schon ist er wieder weg und macht sich weiter auf die Futtersuche.

Großes Torfmoor Lübbecke
Nordrhein-Westfalen
08:10
11/2020
105 mm
f14.0 1/1600 ISO100

Poesie des Augenblicks

Linda Zimmermeier

↑ Ein früher Herbstmorgen im Großen Torfmoor. Stille über Wasser und Wiesen, Nebelschwaden über dem Boden. Wie festgetackert stand ich in dem nordrhein-westfälischen Naturschutzgebiet. Atmete die eisige Luft ein. Sah, wie die Sonne als großer Feuerball aufging. Hörte die aufbrechenden Wildgänse. Richtete die Kamera auf den weit entfernten Baum am Horizont, über dem Vögel durch die honiggetränkte Luft flogen. In mir kribbelte es vor Endorphinen. Es kam mir vor, als hielte ich ein Gedicht fest.

Hamburger Wappen
Sachsen-Anhalt
08:00
10/2018
24 mm
f2.2 1/320 ISO100

Platz an der Sonne Max Fischer

↑ Es war ein kalter Morgen, an dem wir die Drei Zinnen erklommen, ein Felsgebilde im Harz, das wegen einer gewissen Ähnlichkeit auch Hamburger Wappen genannt wird. Stufe für Stufe bewältigte ich mit Corinna, einer befreundeten Fotografin, den Aufstieg. Ein gutes Aufwärmprogramm. Oben angekommen erwartete uns dann eine Kulisse, von der Landschaftsfotografen träumen – ein Sonnenaufgang über einer nebelverhangenen Landschaft. Ein Moment, den wir sehr genossen. Angesichts des unglaublichen Ausblicks erfasste mich ein Gefühl großer Freiheit.

Die Goldene Mauer

Max Fischer

Königstein Sachsen-Anhalt 07:50 10/2021 70 mm f4.0 1/320 ISO125

↓ Die Teufelsmauer, die sich über 20 Kilometer durch das Harzvorland erstreckt, ist majestätisch und sagenumwoben. Es existiert zum Beispiel die Entstehungsgeschichte, dass Gott und Teufel eine Gütertrennung vornehmen wollten und sich darauf verständigten, dass der Harz dem Teufel gehören würde, wenn es ihm gelänge, innerhalb einer Nacht eine Mauer um das Gebiet zu errichten. Kurz bevor der Teufel sein Werk vollendet hatte, krähte jedoch noch in der Dunkelheit ein Hahn. Der Teufel dachte, der Tag sei angebrochen und schleuderte wutentbrannt einen Stein gegen das Mauerwerk. Die bis heute zu bestaunende, zerklüftete Felsformation entstand. Ob man derartigen Sagen nun etwas abgewinnen kann oder nicht, eines lässt sich kaum abstreiten: Dass es ein spannender Ort voller Schönheit ist. Besonders im Licht der frühen Oktobersonne.

Bayerische Voralpen
Bayern

06:42
10/2019

120 mm
f8.0 1/320 ISO200

Wolkenberge Kilian Schönberger

↑ Auch wenn die meisten ihrer Gipfel nicht gerade hoch sind, zieht es mich immer wieder in die Bayerischen Voralpen. Besonders reizvoll sind Gipfeltouren am frühen Morgen, die mich oft atemberaubende Lichtstimmungen erleben lassen. Auf dieser Aufnahme sind die flacheren Berge Bayerns noch von Nebelkaskaden umströmt, während der in Österreich liegende Guffert im Morgenlicht erstrahlt. Paradox ist, dass der Nebel trotz seiner Vergänglichkeit zur Zeitlosigkeit eines Motivs beiträgt, indem er die Dörfer und Straßen in den Tälern ausblendet. So sind die Berge eindeutig die Hauptdarsteller – und manche werden über die Jahre sogar zu alten Bekannten, die einem immer wieder auffallen.

Aufstieg durch den Nebel Nikolaus Brinkmann

→ Sonnenaufgang über der Moselschleife. 2017 habe ich an der Mosel-Ballon-Fiesta teilgenommen, einem Ereignis, bei dem jedes Jahr etwa 80 Heißluftballons von einem Flugplatz in der Nähe von Trier aus in den Himmel starten. Nachdem wir abhoben, sahen wir zunächst kaum etwas, ein dichter grauer Schleier umgab uns, doch dann durchbrachen wir die Nebeldecke und dieser wunderbare Blick auf die anderen Heißluftballons eröffnete sich uns. Was mir an diesem Foto am meisten gefällt, ist das warme Morgenlicht, das uns oberhalb des Nebels erwartete.

Trier
Rheinland-Pfalz
06:35
08/2017
23 mm
f5.6 1/2000 ISO250

Bacharach am Rhein
Rheinland-Pfalz

07:47
11/2020

28 mm
f3.2 1/250 ISO250

Das Tor zum Taunus Anskar Lenzen

↑ Die ewige Suche nach den perfekten Strahlen – wer kennt sie nicht? Im Herbst 2020 besuchte ich für zwei Wochen Freunde und Familie in Hessen und fast täglich verbrachte ich den Sonnenaufgang im Taunus, um die Strahlen einzufangen. Jeden Tag wurde ich mit einer neuen Nebelstimmung begrüßt und ich versuchte, mich immer ungefähr auf der Nebelgrenze aufzuhalten. Eines Morgens dann hatte ich tatsächlich unglaubliches Glück: Die Sonne drang im genau richtigen Moment durch den dichten Nebel. Diese Intensität der Strahlen hatte ich so noch nie gesehen. Ein Tor in eine andere Welt. Wälder gehören zu meinen Lieblingsmotiven und dieses Foto ist sicherlich unter meinen Top 10.

Großer Feldberg
Hessen
08:18
11/2020
28 mm
f2.8 1/125 ISO250

Romantischer Rhein Anskar Lenzen

← Auf das wunderschöne Rheintal mit seinen Burgen und Städten stieß ich zufällig bei einer Recherche, es ging um Herbstfotos rund um meine alte Heimat. Von diesem Augenblick an wusste ich, dass ich mit der Kamera hierher musste. Als die Wetterbedingungen für den nächsten Morgen vielversprechend aussahen, stellte ich mir den Wecker und fuhr einfach drauf los. Unter meinen markierten Orten war auch Bacharach im Landkreis Mainz-Bingen. Zu Beginn der Fotosession lag das verschlafene Städtchen noch komplett im Nebel. Nach ein paar Drohnenaufnahmen vom Rhein und der Burg Stahleck verzog er sich jedoch bald. Auch die Sonne sagte »Hallo« und einige Gänse zogen in der Ferne vorbei.

Bergpark Kassel
Hessen
09:35
10/2021
16 mm
f4.0 1/2000 ISO250

Der Sonne entgegen Lennart Pagel

← Eines meiner Lieblingsbilder des Jahres 2021. Es entstand ganz unverhofft während des Instahikes, einer Erkundungstour der German Roamers im Kasseler Bergpark (siehe Seite 180–181). Die Sonne war längst aufgegangen und wir waren schon unterwegs zum Frühstück, als uns dieses einzigartige Motiv ins Auge fiel: ein Baum im goldenen Gewand, dessen Blätter durch das grelle Gegenlicht hell leuchteten. Um ihn noch imposanter wirken zu lassen, bat ich meinen Freund Leo, im Hintergrund durchs Bild zu gehen.

Nebel über Rostock Felix Gänsicke

→ Rostock ist die Stadt der sieben Türme, der sieben Tore und der sieben Kirchen. Viele der alten Bauwerke wurden im Zweiten Weltkrieg zerstört, aber wenn meine Heimatstadt in dichten Nebel gehüllt ist, dann zeigt sich ihre wahre Besonderheit auch heute noch – besonders eindrücklich ist es aus der Vogelperspektive: Was nach dem Krieg gebaut wurde und, nun ja, oft nicht sonderlich schön ist, verschwindet im Dunst und die verbliebene Backsteinarchitektur ragt heraus. Die alten Türme, Tore und Kirchen, aber auch die Kornspeicher und die aneinandergereihten, schmalen Seemannshäuser fallen einem viel stärker ins Auge als sonst.

Rostock
Mecklenburg-Vorpommern
07:36
03/2021
24 mm
f4.5 1/1000 ISO100

Der heilige Berg Oberschwaben Dominic Lars

↑ Wochenlang wartete ich auf die richtigen Wetterbedingungen, um dieses Foto zu machen. Als es dann soweit war, bin ich morgens von der Schwäbischen Alb zum höchsten Berg Oberschwabens gefahren, dem 767 Meter hohen Bussen. Ich wollte die Pfarrkirche von der Drohne aus so festhalten, dass sie gerade eben aus dem Nebel schaut und sonst nichts zu sehen ist. Anfangs ging immer irgendwas schief, mal war die Kirche verschwunden, mal störten die Bäume drumherum, beim zehnten Versuch aber klappte es und ich erreichte die perfekte Nebelhöhe. Die aufgehende Sonne färbte von rechts die höher liegenden Nebelschwaden sanft orange-gelb ein. Genau so hatte ich es mir erhofft!

Bussen
Baden-Württemberg
07:30
11/2019
28 mm
f8.0 1/80 ISO100

Vulkane im Nebel Lennart Pagel

↓ »Bock auf Wegelnburg morgen? Könnte nebelig werden!« So lautete die Nachricht, die mittags auf meinem Handydisplay aufblinkte. Absender war mein guter Freund und Roamers-Kollege Leo Thomas. Ich fackelte nicht lang und packte meinen Kamerarucksack, Schlafsack und einige Snacks ein. Es war bereits dunkel, als ich im Pfälzer Wald am Abend auf Leo und Philipp Heigel traf, einen weiteren befreundeten Fotografen. Wir wanderten im Schein unserer Kopflampen hinauf zur Burg und schlüpften in unsere Schlafsäcke. Wenige Stunden später klingelte der Wecker und uns erwartete ein traumhaft schöner Anblick: Die Täler lagen im Nebel, während die umliegenden Vulkane aus dem Weiß herausragten, als würden sie schweben.

Wegelnburg
Rheinland-Pfalz
08:04
10/2017
70 mm
f8.0 1/400 ISO640

Bannwaldsee
Bayern

07:51
10/2019

24 mm
f5.0 1/100 ISO100

Am Fuße der Berge

Lennart Pagel

↓ Die Landschaft im Ostallgäu ist einzigartig. Flache Wiesen und Felder erinnern teilweise an die Ebenen Norddeutschlands, doch schweift der Blick in Richtung Süden entdeckt man einen gewaltigen Unterschied: die nördlichen Ausläufer der Alpen, die steil gen Himmel schießen und den Blick unweigerlich fesseln. Ein Landschaftspanorama, das bereits tagsüber beeindruckend wirkt, an diesem Herbstmorgen jedoch versetzte es mich noch einmal mehr ins Staunen. Die sanften Nebelschwaden am Ufer des Bannwaldsees leuchteten im Schein der ersten Sonnenstrahlen kurz auf, ehe sie von der Vormittagssonne freundlich vertrieben wurden.

Felsenmeer Hemer
Nordrhein-Westfalen
09:26
11/2020
15 mm
f2.8 1/100 ISO100

Verwunschen **Lennart Pagel**

↑ Das Felsenmeer in der Nähe der sauerländischen Stadt Hemer wirkt von außen wenig spektakulär. Ein Waldstück umgeben von Feldern eben. Doch durchdringt man den äußeren Laubmantel im Morgenlicht und folgt einem Holzsteg, wird eine einzigartige Kulisse sichtbar. Man ist umgeben von mächtigen Buchen inmitten einer wild zerklüfteten Felslandschaft und kommt sich vor wie in einem Märchen. Die Vorstellung, dass zwischen den riesigen Gesteinsbrocken gleich kleine Trolle umherflitzen, wirkt alles andere als absurd.

Gespensterwald
Mecklenburg-Vorpommern

05:26
07/2018

70 mm
f4.0 1/125 ISO400

Sonnenaufgang im Gespensterwald Daniel Ernst

↑ Ein magischer Sonnenaufgang im Gespensterwald. Der Wald an der Ostsee bei Rostock ist einer der beeindruckendsten Wälder in Deutschland. Die hohen Bäume an der Küste ergeben eine perfekte Kulisse für spannende Bilder. Besonders beim Sonnenaufgang im Sommer, wenn das Licht seitlich in den Wald scheint. Ich habe mit einem 70 mm-Objektiv fotografiert, um eine kleine Kompression zu bekommen. So wirkt der Wald dichter, als er eigentlich ist.

Vertigo Lennart Pagel

→ Die Geierlay Hängebrücke ist eines der spektakulärsten Bauwerke und Fotomotive Deutschlands. Sie überspannt das Mörsdorfer Bachtal in der Nähe von Koblenz auf einer Länge von 360 Metern. Ich wollte an diesem Morgen abbilden, wie schwindelerregend es sich anfühlen kann, über das schwankende Geländer zu blicken. Ich schaute herunter auf die Baumkronen und griff zum Weitwinkelobjektiv. Um das weite menschliche Blickfeld zu imitieren, schoss ich mehrere Bilder, die ich später am PC zu einem Panorama zusammenfügte.

Hängeseilbrücke Geierlay
Rheinland-Pfalz
08:34
10/2017
12 mm
f4.5 1/500 ISO1250

Rottach-Egern
Bayern
08:45
10/2021
45 mm
f6.3 1/4000 ISO100

Der Morgen am Malerwinkel

Johannes Höhn

↑ Wahrhaft malerisch sieht die St. Laurentius Kirche in Rottach-Egern vom gegenüberliegenden Ufer des Tegernsees betrachtet aus. Kein Wunder, dass diese Aussicht seit jeher Künstlern als Vorlage für ihre Gemälde dient und dem kleinen, rechteckigen Uferstück den Namen »Malerwinkel« eingebracht hat. Entlang des Ufers kann man sich perfekt bewegen, um die richtige Komposition für ein Gemälde zu entdecken – oder eben ein Foto. Ein Ort, der unwirklich perfekt erscheint.

Hückelhoven
Nordrhein-Westfalen
05:37
04/2019
100 mm
f4.5 1/100 ISO1600

Fabelwesen, wo seid ihr? Johannes Höhn

↓ Der Wald der blauen Blumen ist nur etwa acht Hektar groß, botanisch betrachtet aber von riesiger Bedeutung. Jedes Jahr im Frühjahr blühen hier, im Kreis Heinsberg, zwischen den Ortschaften Baal und Doveren, abertausende Atlantische Hasenglöckchen; eine Blume, die in ganz Europa nur sehr selten wild wächst. Ihre charakteristische, blau-violette Blütenpracht lässt das überschaubare Waldgebiet als ein Portal in eine Fantasiewelt erscheinen. Schier unwirklich wird das Bild, wenn die ersten Sonnenstrahlen den Waldboden berühren und die Farben der Blumen zum Leuchten bringen. Ein Ort, wie gemacht für Begegnungen mit magischen Fabelwesen.

Erftstadt
Nordrhein-Westfalen
06:48
06/2021
35 mm
f1.6 1/6400 ISO100

Komorebi

Leo Thomas

↑ ← Ein deutsches Wort für Sonnenlicht, das durch die Blätter von Bäumen schimmert? Gibt's nicht. Dafür aber ein japanisches: Komorebi. Es bringt auf den Punkt, was diese Fotos so besonders macht. Ohne Komorebi hätten sie so nie entstehen können. Es wäre mir nicht gelungen, gegen die Sonne zu fotografieren und trotzdem Details der Umgebung festzuhalten, wenn das Licht nicht durch die Blätter an Kraft verloren hätte. Zu sehen ist ein Blühstreifen am Rande eines Feldes westlich von Köln, in Erftstadt. Eine erfreuliche Entdeckung, die ich an einem Morgen im Juni machte. Das Umland der Stadt, in der ich lebe, ist stark industriell geprägt. Mohnblumen sind eine Ausnahmeerscheinung, erst recht so viele auf einmal.

Erftstadt
Nordrhein-Westfalen
06:51
06/2020
47 mm
f4.5 1/640 ISO100

Oberes Donautal
Baden-Württemberg
07:27
06/2020
35 mm
f16.0 1/60 ISO640

Morgendliche Lichtspiele

Florian Wenzel

← An einem Morgen, an dem die Luftfeuchtigkeit hoch ist, sollte man besonders achtsam sein, da durch den Nebel eventuell Motive entstehen, mit denen man nicht rechnet. Oft braucht es dafür nicht viel. In einem Wald etwa reicht es aus, dass sich Sonnenstrahlen ihren Weg durch die Baumkronen bahnen, während Wassertröpfchen von den Blättern fallen, um eine besondere Stimmung zu erzeugen. Das Licht streut sich und es werden wunderschöne Strahlen sichtbar. Wie an jenem Morgen, als ich mit meiner Freundin in den wilden Tälern der Schwäbischen Alb unterwegs war.

Wurzacher Ried
Baden-Württemberg
06:55
05/2020
50 mm
f4.5 1/400 ISO160

Märchenhafte Moorlandschaft

Marina Weishaupt

↑ Keine endlosen Strände, keine beeindruckenden Berge – die Landschaft um meine Heimatstadt Ulm interessierte mich lange Zeit nicht sonderlich. Das änderte sich radikal, als ich mit der Fotografie anfing und die Moore in dieser Region entdeckte. Die scheinbar trostlosen Flecken Erde machen mich mittlerweile sprachlos. Mich begeistern die vielen verschiedenen Pflanzenarten, die in der ökologischen Übergangszone zwischen Wasser und festem Land wachsen. So erging es mir auch an dem Morgen, als ich das Wurzacher Ried erkundete: Die goldene Stunde und der Nebel hüllten Moorkiefern und Wollgras in ein wundervoll sanftes Licht. Glücklicherweise führte ein trockener Bohlenweg durch die Märchenlandschaft, sodass ich die Szenerie aus mehreren Perspektiven festhalten konnte.

Die leuchtende Heide

Johannes Höhn

→ Jedes Jahr im August und September stellen sich die Heidelandschaften Deutschlands in ihrer ikonischen, lilafarbenen Blüte dar. Ein wundersames Bild, das einen ganz automatisch in eine völlig andere Welt abtauchen lässt. Bei unserem Besuch der Westruper Heide, gelegen bei Haltern am See in Nordrhein-Westfalen, hatten wir das große Glück, dass sich die morgendliche Sonne zeigte und die Calluna Vulgaris zum Leuchten brachte. Hinter den kleinen Heidepflanzen ist auf meinem Foto eine der vielen gigantischen Baumformationen zu sehen, die ebenfalls in dem etwa 90 Hektar großen Naturschutzgebiet zu bestaunen sind.

Westruper Heide
Nordrhein-Westfalen
06:43
08/2019
14 mm
f4.0 1/320 ISO250

Zellerhorn Gipfel Baden-Württemberg 07:42 10/2016 70 mm f4.0 1/640 ISO200

Hohenzollern über dem Nebelmeer

Hannes Becker

↑ Ein Herbstmorgen an der Burg Hohenzollern, so wunderschön und fast schon märchenhaft. Es war mein erster und bislang auch einziger Besuch der fast tausend Jahre alten Burg, die um 1850 im neugotischen Stil wiederaufgebaut wurde. Wobei: Eigentlich habe ich sie ja nur aus der Ferne betrachtet. Das warme Licht des Sonnenaufgangs, die Vogelschar am Himmel, das Nebelmeer am Fuße des 855 Meter hohen Hügels – ich hätte mir diesen Ort im Süden Baden-Württembergs in meiner Fantasie nicht schöner ausmalen können. Es stimmte in diesem Moment wirklich alles, was für ein Glück. Eines meiner Lieblingsfotos aus Deutschland.

Aussichtspunkt Cloef
Saarland

07:45
10/2019

24 mm
f5.6 1/120 ISO200

Saarschleife im goldenen Licht

Hannes Becker

↓ Der erste Sonnenstrahl am Morgen, der die Landschaft in eine goldene Atmosphäre taucht, ist etwas Besonderes. Ich fotografiere am liebsten in den Minuten direkt danach. Das Licht steht noch tief und die Stimmung ändert sich innerhalb kürzester Zeit. Mein Foto von der Saarschleife im westlichen Zipfel des Saarlandes habe ich von einer Drohne aus aufgenommen, bei einem wohlgemerkt genehmigten Flug. So hatte ich die Möglichkeit, den kompletten Verlauf der Saar an dieser Stelle einzufangen und eine Tiefe zu erzeugen, die einen, so hoffe ich, in das Bild hineinzieht.

Burg Eltz
Rheinland-Pfalz

11:17
11/2020

30 mm
f4.0 1/1250 ISO80

Mittelalter-Magie Johannes Höhn

← Die gute alte Burg Eltz. Dutzende Male zog mich die Magie der mittelalterlichen Ritterburg bereits nach Wierschem, einer Gemeinde mitten in Rheinland-Pfalz. Ich habe diesen Ort schon vielfach fotografiert. Was uns an diesem Novembermorgen erwartete, übertraf jedoch alles, was ich bis dato an der Eltz gesehen hatte. Kurz zuvor war die Burg noch komplett in Nebel gehüllt, dann ging die Sonne auf und der Dunst klarte auf. Was fürein Licht! Ein surreales Bild. Für diese Momente lebe ich. Ich komme ganz sicher wieder hierher.

Reise durch die Rieselfelder Anskar Lenzen

→ Wann immer wir die Familie meiner Freundin Lea im Münsterland besuchen, darf eine Sache nicht fehlen: ein Ausflug in die Rieselfelder. Diese ehemalige Verrieselungsfläche für Abwässer ist heute ein wichtiges Vogelschutzgebiet. Im Frühjahr und Herbst rasten in ihm tausende Zugvögel, im Sommer brüten hier viele Vogelarten. Wie das Foto zeigt, leben in den Rieselfeldern aber auch einige Rinder, um genau zu sein: Heckrinder, eine auerochsenähnliche Rasse. Sie sorgen als natürliche Rasenmäher dafür, dass die Vegetation kurz bleibt und sich nicht zu viele Sträucher und Bäume entwickeln. Wir hatten uns schon sehr lange vorgenommen, diese beeindruckenden Tiere zu fotografieren und an einem Herbstmorgen erwartete uns endlich die perfekte Lichtstimmung dafür – eine Mischung aus Bodennebel und gedämpfter Sonne.

Rieselfelder Münster
Nordrhein-Westfalen
07:04
10/2021
200 mm
f6.3 1/3200 ISO200

Isarauen bei Wolfratshausen
Bayern
05:15
06/2021
200 mm
f4.0 1/500 ISO200

Sonnenaufgang an der Isar

Manuela Palmberger

↓ Die Isarauen bei München. Unzählige Menschen joggen, radeln und spazieren hier tagsüber am Ufer entlang, ein Naherholungsgebiet am Rande einer Millionenstadt. Früh morgens um fünf Uhr ist man hier dagegen noch ganz allein. Dann, wenn die Vögel anfangen zu zwitschern und die aufgehende Sonne den Nebel zwischen den Bäumen langsam zum Leuchten bringt. Am Abend, bevor dieses Foto entstand, gewitterte es noch heftig, doch in der Nacht klarte der Himmel zum Glück auf.

Leipheimer Moos
Bayern

07:47
11/2020

184 mm
f5.6 1/800 ISO125

Surreale Landschaft

Florian Wenzel

↑ Ich liebe es, mit der Sonne oder dem Mond zu arbeiten. Wenn ich ein interessantes Motiv entdecke, schaue ich oft nach, wann die Sonne oder der Mond günstig stehen. Im Falle des Baumes auf diesem Bild, war es an einem frostigen Morgen im November soweit: Die aufgehende Sonne war umgeben von Nebel und verbreitete dadurch ein wunderbar sanftes Licht. Und dann sah es von meinem Standpunkt im Naturschutzgebiet Leipheimer Moos auch noch für einen Moment so aus, als würde sie von der Astgabel des Baumes gehalten werden. Eine surreale Szenerie. Es fasziniert mich immer wieder aufs Neue, wenn Orte für einen kurzen Augenblick komplett anders aussehen, als man es gewohnt ist.

Leipheimer Moos
Bayern
06:50
09/2021
200 mm
f4.5 1/2000 ISO125

Der Steg ins Licht Florian Wenzel

↑ Seit ich den Federsee 2014 das erste Mal besuchte, zieht es mich mindestens einmal im Jahr hierher. Erreichbar ist der zweitgrößte See Baden-Württembergs über einen 1,5 Kilometer langen Holzsteg, der auf Streuobstwiesen beginnt, durch den Schilfgürtel führt und mitten auf dem Wasser endet. Ein ideales Motiv für mich, da ich Wege gerne als Führungslinien nutze. Das Bild vom Steg, der auf die durch den Nebel brechende Sonne zuläuft, hatte ich daher schnell im Kopf. Es galt nur, den richtigen Moment abzupassen: einen nebligen Morgen im Frühsommer, an dem die Sonne direkt über dem See aufging.

Von Bäumen umrahmt Marina Weishaupt

← Ein Morgen im Leipheimer Moos, an dem ich zahlreichen Fasanen, Hasen und Rehen begegnete. Dank des dichten Nebels schienen sie mich später als gewöhnlich wahrzunehmen. Die geringe Sichtweite erschwerte es mir allerdings auch, in der Moorlandschaft in der Nähe des schwäbischen Städtchens Günzburg spannende Motive zu entdecken. Kurz nach Sonnenaufgang jedoch stieß ich auf diese Bäume, die den diffus leuchtenden Feuerball perfekt umrahmten.

Federsee
Baden-Württemberg
05:37
06/2020
141 mm
f5.6 1/8000 ISO250

Ulm
Baden-Württemberg
06:20
04/2020
200 mm
f8.0 1/200 ISO160

Lichtblick Marina Weishaupt

↑ Seit meiner Kindheit macht sich ein wohliges Gefühl in mir breit, sobald ich das Wahrzeichen meiner Heimatstadt sehe, das Ulmer Münster. An diesem Frühlingsmorgen aber ergriff es mich noch stärker als sonst. Nicht vordergründig, weil ich die größte evangelische Kirche Deutschlands aus einer ganz neuen Perspektive vom Kuhberg aus erblickte. Mitten im ersten deutschlandweiten Corona-Lockdown war es für mich rührend und beruhigend zugleich, dass das alte gotische Bauwerk dastand wie immer. Es gab mir Halt in einer wirren Zeit.

Spaziergang über der Nebelbrandung

Steffen Egly

↓ Ein Sonnenaufgang auf dem Gipfel des Feldberges. Der Nebel steht hoch und es weht ein starker Wind. Ich bin umgeben von mächtigen und zugleich sanft wirkenden Nebelwellen, die an mir vorbeirauschen. Oben werden sie vom warmen Licht der aufgehenden Sonne angestrahlt, unten sind sie in kühles Blau getaucht – ein grandioses Wechselspiel der Farbkontraste. Die Spaziergänger, die sich ebenfalls an diesem Spektakel erfreuten, vervollständigen diese Aufnahme für mich. Durch sie wird deutlich, wie überwältigend groß das Nebelmeer war.

Hochschwarzwald
Baden-Württemberg
08:00
11/2020
122mm
f7.1 1/400 ISO100

Zur Erinnerung

Kilian Schönberger

Kochelsee
Bayern

09:12
01/2015

24 mm
f9.0 1/160 ISO100

↓ Die drei Bootshäuser am Kochelsee waren eines der beliebtesten Motive im Bayerischen Voralpenland. Bis sie im Frühjahr 2022 durch Leichtsinn in Flammen aufgingen. Ob an gleicher Stelle wieder Bootshäuser errichtet werden? Ich hoffe es, denn zum Kochelsee habe ich eine besondere Beziehung: Während meines Zivildienstes am Zentrum für Umwelt und Kultur in Benediktbeuern war er häufig Ziel von Kanutouren mit Schulklassen. Die Boote wurden in einem Bootshaus aufbewahrt, das den dreien auf diesem Foto ähnelte. Dieses Bild entstand am Neujahrsmorgen 2015. Die Silvesterparty musste ausfallen, da die Wettervorhersage perfekt war: Neuschnee und knackig kalte Temperaturen. Der Nebel fungierte als eine Art gigantische Softbox, so dass die Landschaft am Morgen in besonderes Licht getaucht war.

Leistenklippen
Sachsen-Anhalt
09:21
01/2021
24 mm
f4.0 1/200 ISO100

Feuer und Eis

Max Fischer

↑ Östlich des Brockens, nur wenige Kilometer nördlich der Ortschaft Schierke, ragt der Hohnekamm empor. Mit seinen wilden Klippen und schwer zu begehenden, schmalen Pfaden einer der wildesten Bergkämme des Harzes. Erst recht im Winter, wenn der Schnee kniehoch liegt. Dann sind Wanderungen hier ungemein herausfordernd. Die Mühe lohnt sich jedoch, da der Hohnekamm zu dieser Jahreszeit besonders beeindruckend ist. Diese Erfahrung jedenfalls machte ich an einem Januarmorgen, als ich oben ankam und just in diesem Moment die Sonne die dichte Wolkenschicht am Himmel durchbrach und die Fichten und Felsen glühen ließ.

Wolfswarte Niedersachsen 06:22 01/2019 15mm f2.8 1/500 ISO200

Lion King Rock Max Muench

↑ Gemeinsam mit der Reisefotografin Marisa Hampe und Max Fischer von den German Roamers ging es an diesem Wintermorgen durch den Harz. Nach einer kurzen Wanderung zur Wolfswarte wurden wir mit einem tollen Sonnenaufgang fürs frühe Aufstehen belohnt. Der wolkenlose Himmel ist aus fotografischer Sicht manchmal ein Segen, manchmal ein Fluch. Ich persönlich arbeite nur ungern mit ihm, die Schatten sind mir viel zu hart. Wir warfen daher Schnee in die Luft, um einen dynamischen Vordergrund zu erhalten.

Eisiges Gold

Max Fischer

↓ An wenigen Orten wird so deutlich, wie sehr sich der Harz im Wandel befindet, wie auf der Achtermannshöhe. Wo der Blick von diesem Berg aus auch hin schweift, wirkt der Wald im Nationalpark auf den ersten Blick wie tot. Die Folge von Trockenheit und Borkenkäferbefall. Wer genauer hinsieht, erkennt unterhalb der kahlen, skurrilen Stämme jedoch auch neues Leben, zahlreiche kleine, zarte Bäume. Ich habe diesen Wandel in einem besonderen Moment festgehalten: Wenn sich im Winter Nebel über den Harz legt, friert dieser in den Hochlagen als Raureif fest und überzieht die Fichtenstämme mit einer eisigen Glasur. Scheint nun das goldene Licht der tiefen, morgendlichen Wintersonne durch Eis und Nebel, glänzt und glitzert der Wald. Eine Schönheit, vergänglich und wild, doch voller Anmut und Hoffnung.

Achtermannshöhe Niedersachsen
09:45 11/2021
70 mm f4.0 1/1600 ISO100

Hochschwarzwald
Baden-Württemberg
09:05
01/2021
52 mm
f4.0 1/2500 ISO100

Schneebogen Steffen Egly

← Neuschnee über Nacht und hoher Nebel am nächsten Morgen – diese Wettervorhersage klang hervorragend. Am Ausgangspunkt dieser Wanderung, einem Parkplatz, war ich noch in dichten Nebel gehüllt. Mit Schneeschuhen und Stirnlampe ausgerüstet ging es dann durch den frischen Schnee bergauf. Kurz bevor ich den Gipfel des Feldberges im Hochschwarzwald erreichte, konnte ich den morgendlichen blauen Himmel durchschimmern sehen und mein Herz begann vor freudiger Erwartung schneller zu schlagen. Genau die Bedingungen, wie ich sie mir erträumt hatte! In der Luft hingen noch einige Schneeflocken und die aufgehende Sonne im Rücken zauberte einen »Schneebogen« in den Himmel. Eine dieser Momentaufnahmen, an denen einfach alles passte.

Eiskalt Daniel Ernst

→ An einem der kältesten Tage seit Langem in Deutschland, besuchten meine Frau und ich im Februar 2021 unseren Freund Hannes im hessischen Vogelsbergkreis. Die Temperatur lag bei satten minus 18,5 Grad. Wir wollten zusammen ein kleines Video drehen, um unsere neue Kamera auszuprobieren. Kurz vor dem Sonnenaufgang entdeckte ich unterwegs den Baum, der auf dem Foto zu sehen ist. Er stand mitten auf dem schneebedeckten Feld, einsam und eingefroren. Ein faszinierend minimalistischer Anblick.

Nebelschwaden am Alpenrand

Florian Wenzel

↓ Auf diesen Sonnenaufgang hatte ich mich schon am Vortag wie ein kleines Kind gefreut. Es hatte sich abgezeichnet, dass er besonders schön werden würde. Es war schließlich Frühling, es lag noch Schnee auf den Spitzen der Berge, und den ganzen Tag über hatte es geregnet. Durch die hohe Luftfeuchtigkeit lag Nebel in der Luft. Und tatsächlich: Als ich frühmorgens das Murnauer Moos aufsuchte, lag über dem Moorgebiet südlich von München ein grauer Schleier. Nur die Berge waren in der Ferne zu sehen. Ich wanderte umher, sog die Atmosphäre auf und beobachtete, wie die Sonne durch die Nebelschwaden brach. Und ich entdeckte diesen einen Baum, der höher war als alle anderen – der Star meines Bildes. Ich achtete sehr darauf, dass er den Nebel nicht überragte, da seine Konturen sich sonst weniger klar abgehoben hätten.

Murnauer Moos
Bayern

06:13
04/2021

70 mm
f4.0 1/500 ISO500

Gontershausen
Hessen
06:42
02/2021
200 mm
f2.8 1/1000 ISO400

Freunde überm Nebelmeer

Max Fischer

↑ Wie ein romantisches Gemälde von Caspar David Friedrich, lädt dieser Ausblick zum Innehalten und Staunen ein. Und was macht den Moment noch wunderbarer? Natürlich, ihn mit einem (vierbeinigen) Freund zu teilen. Auf dem Foto zu sehen ist Corinna, mit der ich an diesem Herbstmorgen die Teufelsmauer erkundete, eine Felsformation im Harz. Und Maxi, ihr Hund. Entstanden ist es auf einer Anhöhe in der Nähe des Felsgebildes Hamburger Wappen.

Hamburger Wappen
Sachsen-Anhalt

07:23
10/2018

80 mm
f2.8 1/100 ISO800

Sellin
Mecklenburg-Vorpommern

10:12
02/2021

24 mm
f4.5 1/640 ISO100

Küstenklassiker Lennart Pagel

↑ Ein Foto-Klassiker an Deutschlands Ostseeküste – die Seebrücke von Sellin auf der Insel Rügen. An diesem Wintermorgen ergab sich die Gelegenheit, sie unter wirklich besonderen Wetterbedingungen abzulichten: Ein Schneesturm hatte den menschenleeren Strand und seine Pfahlbauten in ein weißes Gewand gehüllt. Die Wolkendecke lichtete sich und die Sonne ließ ihre flachen Strahlen auf den Strand fallen. Ich bat Leo, den Steg einige Schritte hinabzugehen, während ich mit meiner Kamera am oberen Ende der Treppe stehen blieb.

Schwarzwälder Wintertraum

Steffen Egly

Die coronabedingten Reisebeschränkungen führten bei mir dazu, dass ich meine Heimatregion, den Schwarzwald, zunehmend zu schätzen lernte. Um die Jahreswende 2020/21 überzog hier anhaltender Schneefall die dunklen Tannen mit einem zauberhaften Weiß. Schnee und Nebel sorgten dafür, dass die Strukturen der Landschaft weicher und reduzierter erschienen. Die farbliche Reduktion auf Blau und Weiß wirkte beruhigend und lud zum Träumen ein. Während auf dem Bild die Tannen im Hintergrund im Nebelmeer verschwinden, begrüßen die höher gelegenen Bäume den Tag im Licht der aufgehenden Sonne. Oftmals ist weniger mehr, nicht nur in der Natur.

Hochschwarzwald
Baden-Württemberg
08:32
01/2021
141 mm
f5.6 1/400 ISO100

Herzogstand
Bayern

07:20
07/2021

40 mm
f5.6 1/2500 ISO200

Wolkenmeer

Manuela Palmberger

↑ Ein Wolkenmeer, das vom Walchensee über den Berghang zum 200 Meter tiefer gelegenen Kochelsee zieht. Das auf diesem Foto zu sehende Naturphänomen tritt nur selten auf. Man muss den haargenau richtigen Moment erwischen, um es vom Herzogstand aus beobachten zu können. Was mir glücklicherweise im Sommer 2021 um sieben Uhr morgens gelang, nachdem ich den bei Garmisch-Partenkirchen gelegenen Berg mit Freunden erklommen hatte.

Frühlingsaufgang

Manuel Dietrich

Der Watzmann – wohl einer der schönsten Berge, die Deutschland zu bieten hat. An diesem Frühlingsmorgen im Mai war ich oberhalb von Berchtesgaden auf der Suche nach Motiven, die sich mit der einzigartigen Aussicht kombinieren lassen. Es dauerte nicht lange, bis ich eine kleine Holzhütte fand, die sich perspektivisch einfach zu reizvoll aus einem Meer aus Blumen erhob, um sie nicht abzulichten. Als die aufgehende Sonne den Gipfel des Watzmanns langsam zum Leuchten brachte, war die Komposition in meinen Augen perfekt.

Berchtesgaden
Bayern
05:41
05/2020
35 mm
f2.8 1/60 ISO100

Eibsee
Bayern
07:03
07/2018
41 mm
f5.0 1/800 ISO400

Alpenparadies Lennart Pagel

← Es war noch düster, als wir unsere Rucksäcke im Kanu verstauten und das Boot langsam in das spiegelglatte Wasser schoben. Vor uns lag der Eibsee, ein kristallklarer Bergsee am Fuße der Zugspitze. Während das Ufer hinter uns immer kleiner wurde, erreichten uns die ersten Sonnenstrahlen. Vor uns entfaltete sich ein Bild, das so wirkte, als entstammte es den Pinselstrichen eines romantischen Malers. Staunend näherten wir uns dem ersten Etappenziel des Morgens: Eine von Bäumen und Felsen gesäumte Insel, die durch einen Bergsturz vor über 3000 Jahren entstanden ist. Meine persönliche Insel im Paradies.

Endlose goldene Hügellandschaft Philipp Heigel

↓ Nach einer sternenklaren Sommernacht im Freien klingelte der Wecker sehr früh. Der erste Blick von der Ruine der mittelalterlichen Wegelnburg aus war vielversprechend: tiefhängender Nebel und eine magische Lichtstimmung im Tal um Nothweiler! Traumhafte Bedingungen. An Motiven mangelte es an diesem Morgen in der Südwestpfalz definitiv nicht. Unzählige Hügel erstreckten sich in Richtung Frankreich, zum Teil noch im Schatten gelegen und eingehüllt in einen Nebelschleier. Scheinbar endlos reichten die bewaldeten Anhöhen bis zum Horizont.

Wegelnburg
Rheinland-Pfalz
05:31
08/2016
50 mm
f7.1 1/25 ISO100

Altenburg Bamberg
Bayern

09:39
11/2020

24 mm
f8.0 1/25 ISO125

Burg im Sonnenlicht Thomas Glomm

↑ Das Bild zeigt die Altenburg in Bamberg an einem sehr nebligen Novembermorgen. Es ist mehr zufällig entstanden. Eigentlich hatte ich die 400 Meter über dem Meeresspiegel gelegene Burg aufgesucht, weil sie einen guten Ausgangspunkt darstellte, um mit meiner Drohne von hoch oben Aufnahmen von der vernebelten Stadt zu machen. Doch dann sah ich, wie sich der Nebel langsam zurückzog und das frühe Sonnenlicht durch die Burg hindurch schien, und konnte nicht anders, als auch vom Boden aus zu fotografieren.

Sonnenaufgang am Gespensterwald

Roman Königshofer

Der Gespensterwald in Nienhagen, etwa zehn Kilometer Luftlinie entfernt von Rostock, ist ein vielfach fotografiertes Motiv. Die zahlreichen, weit auseinanderstehenden alten Buchen, Eichen und Eschen sorgen mit der Ostsee im Hintergrund fast immer für einmalige Licht- und Schattenspiele. Nur eben nicht, als ich ihn aufsuchte, um ihn im Morgenlicht festzuhalten. Er lag komplett im Dunkeln, da vor der Sonne Wolken hingen. Mein Glück. Das führte dazu, dass ich mit der Kamera an den Strand hinter dem Wald ging, weil es dort wenigstens etwas heller war. Und als sich die Sonne endlich zeigte, entstand dieses Bild.

Gespensterwald Nienhagen
Mecklenburg-Vorpommern
06:10
04/2018
70 mm
f3.5 1/800 ISO320

Die Felsenwanderin Max Muench

Und mal wieder ging es früh raus. Die Sächsische Schweiz ist einer meiner absoluten Lieblingsorte. Ich bin nur unweit vom deutschen Teil des Elbsandsteingebirges aufgewachsen, in Chemnitz, und habe als Kind viel Zeit hier verbracht. Um zur Idagrotte zu gelangen, muss man eine Weile wandern, wenn die Sonne direkt im Felsspalt vor einem aufgeht, weiß man jedoch, dass es die Mühe wert ist. Während Ayla, meine Partnerin, auf den Fels stieg, wirbelte unser Freund Eric ein wenig Sand auf, um diese magische Stimmung zu erzeugen.

Idagrotte
Sachsen
06:28
05/2020
35mm
f1.8 1/1250 ISO10

Grünstein Klettersteig
Bayern

06:38
06/2021

20mm
f2.8 1/250 ISO100

Grünstein Ferrata Steven Weisbach

↑ Vier Uhr in der Früh: Um den Grünstein Klettersteig im schönen Morgenlicht zu erleben, lassen wir den Parkplatz am Königssee noch in der Dunkelheit hinter uns und beginnen mit dem Aufstieg. Am Steig angekommen, legen mein Kumpel und ich die Ausrüstung an, setzen die Helme auf und los geht's. Die hier zu sehende Aufnahme gelingt mir, nachdem die Sonne aufgegangen ist. Ich stehe an einer Kreuzung, an der zwei Kletterrouten zusammenlaufen.

Eibsee Bayern 07:06 06/2020 70 mm f2.8 1/200 ISO200

Einsamer Wanderer Frauke Hameister

← Vor diesem Foto liegen acht Stunden Autofahrt. Als ich am Vorabend erfuhr, dass das Wetter am Eibsee gut werden sollte, machte ich mich von meinem Wohnort Rostock aus kurzentschlossen auf den Weg ganz in den Süden Deutschlands. Nachdem es mir bei einer Reise eine Weile zuvor nicht gelungen war, diesen See wirklich gut abzulichten, weil es ununterbrochen regnete, hatte ich mir in den Kopf gesetzt, es unbedingt noch mal zu versuchen. Und dieses Mal klappte es! Einmalig schön, wie der kalte und superklare Eibsee im Morgenlicht erstrahlt und sich die Zugspitze in ihm spiegelt. Der Einsatz hat sich für mich definitiv gelohnt.

Goldener Morgen Florian Wenzel

→ Einer dieser Morgen, an denen ich mit einem klaren Plan los zog und dann doch alles anders kam. Anders und noch schöner als gedacht! Ich hatte eine Weile zuvor am Albtrauf eine Kieferngruppe entdeckt, die besonders schön auf einem Hügel stand. Nun hoffte ich auf ein Bild, auf dem der Hügel in einem Wolkenmeer versinkt, aus dem die Baumspitzen herausragen. Nur leider waren die Wolken hierfür nicht auf der richtigen Höhe. Dafür aber zogen wiederholt feine Schleier über den Hügel. Die Sonne stieg auf und warf immer wieder neue Lichtstrahlen auf das Wäldchen. Eine überraschende und wahrhaft märchenhafte Szenerie.

Albtrauf Baden-Württemberg 08:45 11/2021 35 mm f5.6 1/2500 ISO200

Cuxhaven
Niedersachsen

07:04
04/2022

24 mm
f2.8 1/8000 ISO100

Köln
Nordrhein-Westfalen
05:52
06/2021
26 mm
f4.0 1/400 ISO100

Colonius Leo Thomas

↑ Ein exklusiver Ausblick, den ich meinem guten Freund Johannes Höhn zu verdanken habe. Er ist wie ich Fotograf bei den German Roamers. Johannes hatte von der Tourismus-Organisation Kölns die Erlaubnis erhalten, dass wir zwei uns frühmorgens ins ehemalige Drehrestaurant auf dem Fernsehturm begeben durften, um dort zu fotografieren. Seit 1992 ist der Fernsehturm nicht mehr öffentlich zugänglich. Vor allem, weil der Betrieb des Restaurants zu teuer wurde, das sich in einer Stunde um 360 Grad drehte. Wirklich schade. Es wäre schön, wenn wieder möglichst viele Menschen den herrlichen Ausblick aus 166 Metern Höhe genießen könnten.

Heimathafen Lennart Pagel

← Die unscheinbare Anlegestelle im Cuxhavener Hafen, das sogenannte Steubenhöft, wirkte verschlafen an diesem Sommermorgen. Kaum Menschen, keine Schiffe, nur die langsam aufgehende Sonne und ich. Im vergangenen Jahrhundert legten die größten Dampfschiffe der Welt an und es zog hunderttausende Menschen an diese Pier. Viele von ihnen starteten von hier aus in ein neues Leben in den USA oder Kanada. Das Steubenhöft wurde zum Symbol von Abschied und Neuanfang. Für mich dagegen steht dieser Ort heute für das Ankommen in meiner Heimatstadt.

Wintermorgen in Berlin Max Muench

↑ Ich gehe nur selten in Berlin auf eine Fototour, die ich im Voraus plane. Am liebsten bin ich hier spontan mit dem Handy unterwegs. An diesem Morgen jedoch sah das anders aus: Man munkelte, dass auf der Spree Eisschollen treiben würden. Das wollte ich auf keinen Fall verpassen. Also verabredete ich mich mit Tim, Thomas und Marcello, drei befreundeten Fotografen, und wir zogen ganz gezielt los zur Oberbaumbrücke. Es hat sich wahrlich gelohnt. Das perfekte Motiv zum Sonnenaufgang!

Oberbaumbrücke
Berlin

07:10
03/2018

24 mm
f2.8 1/200 ISO200

Burg Thurant im Nebelschleier

Philipp Heigel

↓ Die Wettervorhersage für das Moseltal prophezeite für diesen Februarmorgen Nebel bei sonst klarem Himmel. Genau das hatte ich mir für mein Motiv – die Burg Thurant bei Alken – gewünscht. Als ich an meinem geplanten Spot ankam, dem Bleidenberg in Oberfell, hatte ich jedoch keinerlei Aussicht. Dichter Nebel umgab die Burg. Gerade als ich abreisen wollte, lichtete er sich jedoch urplötzlich und ich konnte mit meiner Drohne diese Aufnahme machen. Eine beeindruckend mystische Stimmung.

Burg Thurant
Rheinland-Pfalz
10:26
02/2019
4,73 mm
f2.2 1/4000 ISO100

Garmisch-Partenkirchen Bayern
06:03 05/2018
75 mm f8.0 1/250 ISO100

Alpenromantik im Frühling Florian Wenzel

↑ Für mich ist dieses Foto der Inbegriff eines frühlingshaften Morgens. Noch liegt die Wiese in den Voralpen bei Garmisch-Partenkirchen im Schatten. Doch die hervorsprießenden Troll- und Pusteblumen werden schon in wenigen Momenten von der Sonne erfasst, die im Hintergrund den noch im Wald hängenden Nebel erleuchtet. Eine kleine Lichtquelle, die sich ausbreitet und das Grün noch grüner macht. Es riecht nach Aufbruch und Wachstum. Tatsächlich habe ich für dieses Bild mehrere Anläufe benötigt. Mal war der Nebel plötzlich verschwunden, mal war er fast überall. Letztlich wurde ich aber mit den perfekten Wetterkonditionen belohnt.

Mohn im Morgentau

Jannik Heck

Als ich dieses Foto aufnahm, lebte ich noch bei meinen Eltern und hatte das Glück, die Region um den Main von meinem Kinderzimmerfenster aus stets im Blick zu haben. Davon profitierte ich auch an diesem Morgen, als mein Wecker viel zu früh klingelte. Die Müdigkeit wich von mir, als ich den Nebel in der noch blau erleuchteten Landschaft hängen sah. Augenblicklich packte ich meinen Rucksack und fuhr in die Weinberge in der Nähe der Vogelsburg bei Volkach. Ich rannte durch die Reben und machte unzählige Fotos, unter anderem das hier zu sehende. Es ist entstanden, als sich der Nebel gerade zu lichten begann.

Mainschleife
Bayern
07:00
06/2019
50 mm
f1.8 1/320 ISO200

Das Fichtelgebirge erwacht

Patrick Monatsberger

↓ Das Fichtelgebirge ist eines meiner liebsten Wandergebiete überhaupt. Unzählige Male habe ich das Mittelgebirge im Osten Bayerns schon besucht und immer wieder erlebe ich es in neuen Lichtstimmungen. An dem Morgen, an dem ich dieses Foto aufnahm, wollte ich auf meinen Lieblingsgipfel aufsteigen, die Kösseine, und von oben den Sonnenaufgang erleben. Doch ich war zu spät dran, um rechtzeitig oben anzukommen. Ich parkte daher mein Auto am Wegesrand und schickte meine Drohne nach oben, um die ersten Strahlen des Tages einzufangen.

Fichtelgebirge
Bayern

08:34
11/2020

24 mm
f2.8 1/240 ISO100

Dernau
Rheinland-Pfalz

10:26
11/2020

30 mm
f2.8 1/2500 ISO250

Goldener Herbstmorgen Johannes Höhn

↑ Der Herbst bringt die fotografisch spannendsten Farben und Töne hervor. An diesem Morgen suchten wir die Weinberge des Ahrtals nach passenden Motiven ab und wurden oberhalb von Dernau fündig. Goldene Herbstfarben soweit das Auge reichte! In den steilen, gelb-orange gefärbten Reben wanderten wir auf und ab und wurden unter anderem zu dieser Bildkomposition inspiriert. Der Winkel der seitlich einfallenden Morgensonne passte perfekt, um das Farbspektakel in der Weinregion festzuhalten.

Münchner Türme Thomas Glomm

↓ Bayerns Landeshauptstadt habe ich schon häufiger vom Boden aus fotografiert, zu nennen wäre da die Residenz oder auch die tolle Juristische Bibliothek im neuen Rathaus. Städte zu fotografieren, finde ich persönlich frühmorgens am schönsten – superweiches Licht, kaum Menschen, die durchs Motiv wuseln. Dieses Bild ist für mich etwas Besonderes, weil ich es aus der Luft mit einer Drohne aufgenommen habe. So ergibt sich ein ungewöhnlicher Winkel: Im Vordergrund rechts ist das alte Rathaus zu sehen und direkt dahinter, vor der Frauenkirche, das neue.

München Bayern
05:48 07/2020
28 mm f2.2 1/20 ISO100

Großer Daumen
Bayern

05:34
07/2019

45 mm
f4.0 1/20 ISO100

Nebelgrat **Manuel Dietrich**

↑ Um nebelverhangene Berge zu fotografieren, zieht es viele Menschen nach Madeira. Ignoriert wird dabei, dass einem mit etwas Glück hierzulande täuschend ähnliche Aufnahmen gelingen: Nach einer ziemlich kalten Nacht auf dem Großen Daumen in Oberstdorf wachte ich in dichtem Nebel auf und als die ersten Sonnenstrahlen durch die Wolkendecke brachen, entstand ein traumhafter Anblick. Er währte nur kurz, aber es reichte, um sich für den Moment zu fühlen wie auf der portugiesischen Atlantikinsel. Auf einem Berg in den Allgäuer Alpen, ganz ohne Reisestress.

Oberschwaben
Baden-Württemberg

07:30
11/2020

400 mm
f5.6 1/500 ISO640

Nebelschwaben Florian Wenzel

← Die Stunde vor Sonnenaufgang, diese Tageszeit habe ich in den vergangenen Jahren am meisten zu schätzen gelernt. Man trifft meistens keine Menschenseele, das Licht ist noch so wunderschön diffus und es liegt eine verheißungsvolle Stille über der Landschaft. Fotografisch besonders reizvoll finde ich den Kontrast, der entsteht, bevor die Sonne aufgeht: Der Himmel bekommt langsam eine warme Färbung, während die Landschaft wie in Blau getaucht vor einem liegt. So wie an diesem Novembermorgen in Oberschwaben.

Ein Schloss in den Wolken Dominic Lars

↓ Auch wenn es cleverer gewesen wäre, sich für die Silvesterfeierlichkeiten auszuruhen, stand ich am letzten Tag des Jahres 2021 sehr früh auf. Mehrere Tage hatte ich mit einem Kumpel das Wetter rund um das Schloss Lichtenstein im Landkreis Reutlingen beobachtet und es sah endlich vielversprechend aus. Vor Ort angekommen, waren wir zunächst enttäuscht: Das Schloss wurde aus der Vogelperspektive von den Wolken verdeckt. Gegen neun Uhr aber war es kurz zu sehen. Immerhin lange genug, um diese Aufnahme zu tätigen – und mit einem guten Gefühl ins neue Jahr zu gehen.

Lichtenstein
Baden-Württemberg
08:59
12/2021
28 mm
f4.0 1/320 ISO100

Kleiner Winterberg
Sachsen
04:40
07/2020
55 mm
f7.1 1/500 ISO320

Magisches Sachsen Anton Baranenko

↑ Der Kleine Winterberg in der Sächsischen Schweiz gehört wohl zu den bekanntesten Outdoor-Spots in Deutschland und spielt zu Recht in einer Liga mit dem Eibsee, der Burg Eltz und dem Brocken. Auch wenn dieser traumhafte Ort nah an meiner Heimat Leipzig liegt, ist es immer wieder ein mühsames Abenteuer, ihn über den einstündigen Wanderweg zu erklimmen. Dieses Bild entstand um 4 Uhr 40 – tatsächlich nicht ganz meine liebste Zeit, um in schwindelerregender Höhe auf einem Berg zu stehen, doch was tut man nicht alles für solch ein Licht und diese Weite? Wenn du erschöpft oben angekommen bist und das Licht bereits die Tannenspitzen im vernebelten Tal vor dir streift, weißt du, das Spektakel geht gerade erst richtig los. Ein Spot, bei dem jeder Besuch so einzigartig ist wie der Ausblick.

Die Sonne und der Morgentau Kerstin Maier

→ Ich stehe auf, schaue nach draußen und sehe Nebel. Kurz darauf ziehe ich mit der Kamera über die Felder. Weit muss ich dafür auf dem Land nicht gehen, mein Dorf in der Nähe von Stuttgart ist umgeben von einer wunderschönen Hügellandschaft und Wäldern. Am schönsten ist es an einem solchen Morgen, wenn die Sonne durch den Nebel bricht und für ein paar Minuten alles in goldenes Licht taucht. Und dazu noch der Morgentau – eine fast magische Stimmung. Ideal, um mit einem richtig guten Gefühl in den Tag zu starten.

Rechberghausen Baden-Württemberg 07:34 02/2022 48 mm f4.0 1/2000 ISO200

Sonne, Mond & Domspitzen

Johannes Höhn Die nächste Umgebung der eigenen Heimat neu entdecken. Das klingt simpel, gar leicht romantisch. Doch wie genau geht das eigentlich? Was kann ich tun, wenn meine Heimat mir nicht mehr sonderlich pittoresk erscheint, mir keine Inspiration für »das Neue« bietet?

Es braucht schon eine ordentliche Portion Motivation, um ein ums andere Mal das so oft Gesehene wieder und wieder zu fotografieren. Das fällt mitunter schwer. Gerade an Orten, die extrem häufig fotografiert werden, kann es einem nahezu unmöglich vorkommen, neue Blickwinkel oder etwas »nie da Gewesenes« zu erschaffen. Wie gelingt es mir trotzdem, genau diese Orte in einem neuen Licht darzustellen?

← 01)

Seit einiger Zeit habe ich hierzu für mich eine großartige Inspirationsquelle entdeckt: Die verschiedenen Konstellationen von Sonne und Mond. Beide Himmelskörper verändern stets ihre Position im Verhältnis zur Erde. Diese natürliche Gegebenheit macht jeden Sonnen- bzw. Mondaufgang individuell und erlaubt ganz besondere fotografische Kompositionen. Wo genau die Sonne am Horizont erscheint oder verschwindet, das ist tatsächlich jeden Tag ein bisschen anders als am Tag zuvor. Der Weg zu diesen Motiven ist spannend, abenteuerlich und motivierend. Um mit den Größenverhältnissen von Sonne und Mond zu experimentieren, sollte man sich ein hohes Gebäude (z. B. Funkturm, Denkmal, Kirche, etc.) als zentrales Motiv suchen. In meinem Fall dient der Kölner Dom als perfektes Sujet.

Bevor man loslegt, gilt es, zwei wesentliche Regeln zu verinnerlichen: Um Sonne und Mond möglichst »groß« wirken zu lassen, sollte der Fotostandort relativ weit entfernt zum gewünschten Subjekt liegen. – In Bild 01 war ich beispielsweise ca. 21 km vom Kölner Dom entfernt und habe mit einem 800 mm Objektiv dieses Foto machen können. Dies ist sicherlich ein Extrembeispiel und kein Muss, jedoch sollte man eben wissen, dass Sonne und Mond entsprechend größer im Bild erscheinen, je weiter man sich vom Motiv entfernt (Kompression). Es kann allerdings auch spannend sein, näher am Objekt zu fotografieren – beispielsweise weil es eine Motividee so vorgibt (siehe Kayak auf dem Rhein im Mondlicht in Bild 02).

Tagesgenaue Planung ist elementar – das besonders Spannende an dieser Art von »Motivjagd« ist, dass gewisse Kompositionen genau an einem oder nur wenigen Tagen im Jahr funktionieren. So treten manche besondere Vollmonde zum Beispiel nur alle paar Jahre auf. Entsprechend wichtig ist die Motivplanung. Ich nutze hierfür die App »Photo Pills«, welche es erlaubt, sich genaue Himmelsrichtungen und Daten zu den Mond- und Sonnenkonstellationen anzeigen zu lassen. Bei dieser Art der Fotografie bestimmt also nicht das Motiv selbst den Blickwinkel, sondern die Positionen von Sonne und Mond geben mir vor, aus welcher Richtung ich einen neuen Blickwinkel entdecken kann, um die gewünschte Komposition einzufangen. Geht der Plan auf, steht man ganz automatisch mit einem tollen, neuen Heimatmotiv da.

Tageslicht

/'taːgəsˌlɪçt, Tágeslicht/

Licht, natürliche Helligkeit des Tages

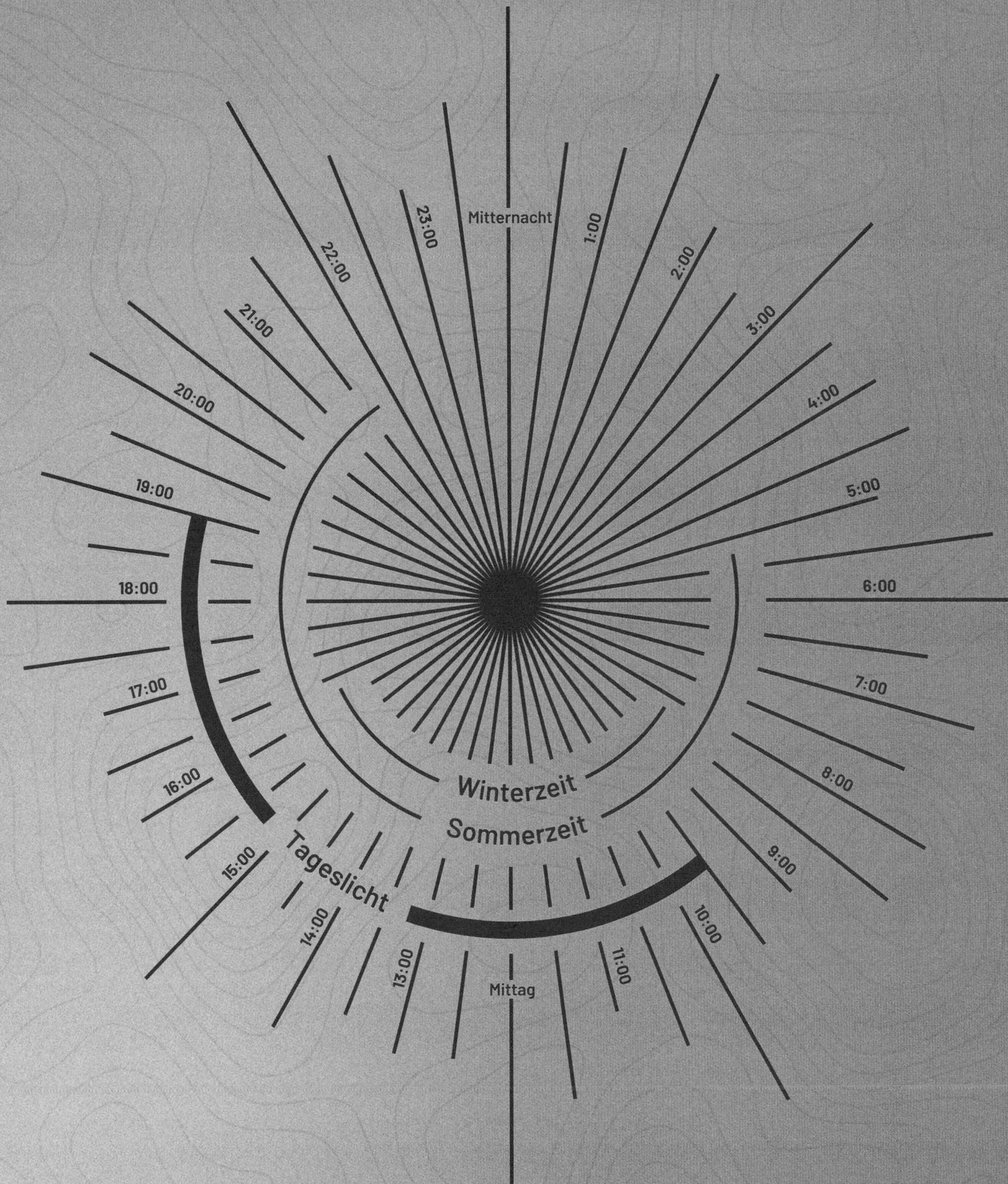

Mitternacht
1:00
2:00
3:00
4:00
5:00
6:00
7:00
8:00
9:00
10:00
11:00
Mittag
13:00
14:00
15:00
16:00
17:00
18:00
19:00
20:00
21:00
22:00
23:00
Winterzeit
Sommerzeit
Tageslicht

Der Lindwurm erhebt sich

Alles ist wach
Und lädt sich auf
Dem Himmel entgegen

Was die Augen hören
Und die Ohren erspähen

Alles ist wach
Und die Sinne verregnet

Streckt sich empor
Im Tanz mit der Sonne

Bist du wirklich wach?
Kind dieser Welt
In alle Farben getaucht
Dem Atem beraubt
Im Lichterkleid

Als der Norden stillstand

Lennart Pagel

↑ Ein milder Frühlingstag in Ostfriesland. Die Nacht hatten mein Bruder und ich in meinem Camper Van verbracht, nun erkundeten wir die idyllische Gegend rund um den Jadebusen, eine riesige Meeresbucht der Nordsee. Wir fuhren entlang des Deiches, vorbei an weidenden Schafen und verschlafenen Höfen. Es war absolut windstill und die Gegend strahlte eine unglaubliche Ruhe aus. Als wir den Deich überquerten, lag der spiegelglatte Jadebusen vor uns, in dem sich in der Ferne die Schäfchenwolken spiegelten. So friedlich hatte ich den Norden selten erlebt.

Jadebusen
Niedersachsen
15:56
02/2022
70 mm
f6.3 1/1250 ISO100

Greetings from Greetsiel

Lennart Pagel

↓ Dieser ostfriesische Küstenort vereint alles, was Norddeutschland seinen Charme verleiht: traditionelle Fischerboote, hölzerne Windmühlen und historische Backsteinhäuser. Letzteres faszinierte mich bei meinem morgendlichen Besuch in Greetsiel besonders. Die ältesten Bürgerhäuser des Ortes, die auf dem Deich direkt am Hafenbecken stehen, wirken wie Teile eines Freilichtmuseums. Auf den Giebelfronten befinden sich Wappen und Inschriften, die Hinweise auf das Entstehungsdatum und die Erstbewohner liefern. Das Haus in der Mitte des Bildes zum Beispiel trägt das Datum 1792 und die Worte »In Domino Confido« (Ich vertraue auf Gott).

Greetsiel
Niedersachsen
11:57
02/2010
24 mm
f4.0 1/1250 ISO500

Darß
Mecklenburg-Vorpommern
10:30
05/2018
24 mm
f4.0 1/120 ISO100

Gesucht, gefunden Lennart Pagel

↓ Wenn ich eine neue Region erkunde, gibt es zwei Arten von Motiven, die mich anziehen. Einerseits faszinieren mich die untypischen oder skurrilen Dinge. Zum anderen Bildkompositionen, die mir typisch für eine Region erscheinen und ihren Charakter bildlich widerspiegeln. Auf dieses Foto trifft letzteres zu. Ich war an einem windstillen Vormittag mit meinem guten Freund Leo auf der Ostsee-Halbinsel Darß unterwegs, ohne konkreten Plan oder Ziel. Wir ließen uns treiben, begeistert vom maritimen Charme und der ursprünglichen Natur, in der Wasser und Festland auf vielfältige Weise interagierten. Als wir an den reetgedeckten Bootshütten vorbeikamen, vor denen sich der Himmel im ruhigen Wasser spiegelte, fasste dieses Motiv unseren Eindruck perfekt zusammen.

Cuxhaven Niedersachsen 10:05 06/2020 24 mm f5.6 1/1250 ISO100

Segeltraum Lennart Pagel

↑ Mit dem Segelboot über die Nordsee schippern – ein Traum, den ich mir schon als Jugendlicher ausgemalt hatte, als ich am Strand meiner Heimatstadt Cuxhaven stand. Als ich fortzog, verlor ich ihn aus den Augen, doch eines Abends erinnerte ich mich wieder an ihn. Ich saß zusammen mit Freunden und wir überlegten uns, dass ein eigenes kleines Boot eigentlich gar nicht so teuer wäre, wenn man sich die Kosten teilen würde. Die Folge: Heute besitzen wir zu neunt die »Festina Lente«, ein 45 Jahre altes Segelboot.

Schwäbischer Dschungel Kerstin Maier

↑ Seit Tagen regnete es und es war Juni. Es war also nass und warm zugleich. Zuhause, im Tal, war es einfach nur Wasser, das vom Himmel fiel – aber hoch oben auf dem 800 Meter hohen Albtrauf, da müssten doch die Wolken hängen, oder? Mit diesen Gedanken fuhr ich hinauf auf die Schwäbische Alb. Und tatsächlich: Als ich auf der Hochfläche ankam, tauchte ich in den Nebel ein. Ich parkte und verschwand im Wald, um die Atmosphäre einzufangen und zu genießen. Im für die Schwäbische Alb typischen Buchenwald war es bis auf den fallenden Regen still, das noch junge Grün der Blätter leuchtete und die Baumstämme waren gehüllt in Dunst. Fasziniert blickte ich nach oben und machte dieses Foto.

Schwäbische Alb
Baden-Württemberg
16:13
06/2021
24 mm
f4.0 1/40 ISO250

Ein Fuchswelpe erkundet die Welt

Kerstin Maier

↓ Jahrelang hatte ich auf diesen Moment gewartet. Einen Fuchs aus der Nähe zu sehen, steht ziemlich sicher bei allen sehr weit oben auf der Liste, die sich mit Naturfotografien beschäftigen. Wenn dann auch noch alles passt - die Szenerie, das Licht - und es einem gelingt, ihn im Bild festzuhalten, ist das natürlich die Krönung. Dieser kleine Welpe streifte unweit eines Fuchsbaus durch einen Wald bei Großbettlingen auf der Schwäbischen Alb. Ein Vorteil war, dass ich meine Kamera mit einem Objektiv mit einer langen Brennweite ausgestattet hatte und es nicht erst geräuschvoll wechseln musste. So konnte ich fotografieren, ohne dass sich der Welpe gestört fühlte. Selbst als er mich bemerkte, ist er einfach weiter über die umgestürzten Bäume und Wurzeln geklettert, und ich zog mich vorsichtig zurück.

Großbettlingen Baden-Württemberg
13:00 05/2021
400 mm f6.3 1/400 ISO200

Obersee
Bayern
10:25
07/2018
16 mm
f2.8 1/1000 ISO100

Der Bootshauswächter Max Muench

← Einer der Lieblingsspots der German Roamers ist das Bootshaus am Obersee in Berchtesgaden. Es gibt wenige Orte, an denen wir schon so viel fotografiert haben. An diesem Morgen nahm ich mit Lennart und Johannes das erste Boot über den Königssee, um möglichst zeitig und allein an diesem beliebten Ausflugsziel zu sein. Ganz allein waren wir dann aber doch nicht – ein Kater stromerte herum und lief direkt auf meine Kamera zu. Mit seinem majestätischen, grazilen und etwas dramatischen Gang zog er unsere komplette Aufmerksamkeit auf sich.

Verwunschener Wald Leo Thomas

→ Normalerweise ist davon abzuraten, während der Mittagszeit bei hochstehender Sonne im Wald zu fotografieren. Es bilden sich harte Schatten und es ist fast unmöglich, Tiefe in das Bild zu bringen. Etwas anders allerdings stellt sich die Situation im Hexenwald auf der Ostseeinsel Rügen dar. Er besteht aus sehr alten Süntelbuchen, auch Krüppelbuchen genannt, durch deren weitverzweigte Blätterdächer das Licht selbst mittags kaum hindurchdringt. Eine einmalig märchenhafte Stimmung. Es würde einen kaum wundern, wenn plötzlich Trolle, Elfen oder eben die namensgebenden Hexen auftauchten.

Lietzow
Mecklenburg-Vorpommern
13:59
07/2020
16 mm
f2.8 1/80 ISO250

Altenbeken Nordrhein-Westfalen 10:34 07/2021 24 mm f5.6 1/320 ISO100

Einsame Lok Leo Thomas

↑ Als ich mich auf den Weg in den Kreis Paderborn machte, um das Altenbekener Viadukt zu fotografieren, hatte ich klare Vorstellungen: Ich wollte die rund 170 Jahre alte Brücke ablichten, während die Sonne aufgeht und ein Zug über sie hinweg fährt. Doch dann kam alles anders. Zum einen war ich viel zu spät dran und zum anderen, wollte einfach kein Zug kommen. Lediglich eine einzelne Lokomotive. Zunächst enttäuschend, mit etwas Abstand ein großes Glück. Das Foto, das an diesem Vormittag entstand, ist deutlich spannender geworden als das Postkartenmotiv in meinem Kopf.

Raps und Meer komplementär Leo Thomas

→ Im Mai blühen in Deutschland vielerorts die Rapsfelder und ihr leuchtendes Gelb ist zweifelsfrei überall schön anzusehen. So schön wie an der Ostseeküste, kommt es aber meiner Meinung nach nirgendwo anders zur Geltung. Dafür sorgt das Meeresblau. Ich habe lange nach einem Ort gesucht, an dem die beiden Komplementärfarben direkt aufeinandertreffen. Fündig geworden bin ich in der Nähe von Eckernförde, der Stadt in Schleswig-Holstein, in der ich aufgewachsen bin.

Waabs
Schleswig-Holstein
17:30
05/2019
24 mm
f5.6 1/400 ISO100

Allgäu Bayern 11:12 10/2020 105 mm f5.6 1/640 ISO320

Fjordgefühle in Berchtesgaden

Asyraf Syamsul

↑ Unsere Wanderung startete am Landesteg, am Nordufer des Königssees. Wir ließen die Bootshütten hinter uns, begaben uns in den verschneiten Wald und stiegen den Berg hinauf. Nach etwa zwei Stunden erreichten wir die Archenkanzel, eine natürliche Aussichtsplattform auf 1.346 Metern Höhe. Eine unglaubliche Sicht auf den See. Er erinnert von hier aus an einen norwegischen Fjord, der sich durch Felsschluchten schlängelt. Ein Moment fernab der Zivilisation im dicht besiedelten Deutschland.

Wunder der Jahreszeiten

Anton Baranenko

← Während einer Wanderung zum idyllischen Christlessee im Allgäu fiel mir diese außergewöhnliche Schraffierung in den Bergen auf. Im Tal erstrahlten die Baumkronen noch in herbstlichem Gold, in den höheren Lagen waren schon dunklere Novembertöne zu sehen. Und noch weiter war der Wald sogar schon bedeckt von Schnee. Ein Foto, das nicht an einem bekannten Spot entstanden ist und auf dem weder die Morgen- noch die Abendsonne scheint. Es lebt von einer ganz eigenen Bildsprache. Ein abstraktes Kunstwerk der Natur.

Berchtesgaden
Bcyern
15:10
12/2019
200 mm
f7.1 1/320 ISO200

Kreidefelsen
Mecklenburg-Vorpommern

17:14
08/2021

55 mm
f4.5 1/500 ISO200

Kreideküste

Felix Gänsicke

↑ Es ist strengstens verboten, mit einer Drohne über die Nationalparks Mecklenburg-Vorpommerns zu fliegen. Sie aus der Luft zu erleben, ist daher ein sehr besonderer und exklusiver Moment. Möglich wurde er für mich, weil ein Bekannter meines Vaters mich mitnahm, der Helikopterflüge anbietet. Ich flog mit ihm über den einzigartigen Nationalpark Jasmund, der auf der Halbinsel Jasmund im Nordosten der Ostseeinsel Rügen liegt. Der Anblick der Endmoränenlandschaft mit ihren Kreidefelsen und den endlosen Buchenwäldern überwältigte mich wirklich.

Schrecksee
Bayern
13:58
07/2020
16 mm
f4.0 1/2000 ISO200

Schrecklich schön Lennart Pagel

↓ Als ich zum ersten Mal ein Foto dieses Sees sah, konnte ich kaum glauben, dass er sich in Deutschland befinden sollte. Das türkisfarbene Wasser, die wilde Umgebung, die Insel mittendrin – der Schrecksee in den Allgäuer Alpen schien mir schlichtweg zu schön. Es dauerte ein paar Monate, bis ich erstmals mit eigenen Augen sah, dass das Foto den Tatsachen entsprach. Vergangenen Sommer stattete ich dem Schrecksee einen weiteren Besuch ab und erneut wurde ich von seiner Schönheit gepackt, die diesmal sogar noch von unzähligen Wildblumen untermalt wurde. Ihr zartes Rosa bildete den perfekten Vordergrund für mein Foto des Tages.

Zugspitze Bayern 11:08 02/2020 24 mm f5.6 1/1250 ISO100

Deutschlands Spitze Lennart Pagel

← Mit stolzen 2.962 Höhenmetern ist die Zugspitze nicht nur die Königin des Wettersteingebirges, ihr Gipfel bildet zudem den höchsten Punkt der gesamten Republik. Um es bis nach oben zu schaffen, benötigt man etwa acht Stunden. Meine persönliche Bestzeit? Zehn Minuten. Sportlich? Nicht wirklich. Ich hatte mich für den bequemen Weg entschieden und war mit der Seilbahn gen Gipfel gereist. Oben angekommen, lagen die Temperaturen weit unter Null und der Wind war eisig, doch die intensive Mittagssonne nahm der Kälte die Kraft. Ich entdeckte einen Bergsteiger, der sich für den weitaus eindrucksvolleren Aufstieg entschieden hatte – mit Eispickel, Steigeisen und reichlich Muskelkraft. Dafür hatte er das Gipfelkreuz jetzt ganz für sich allein.

Gebirge des Nordens Lennart Pagel

→ Bereits als kleiner Junge hatte der Harz eine besondere Bedeutung für mich. Für uns Nordsee-Kinder war jede Erhebung, die höher als der Deich war, ein echter Berg und entsprechend aufregend. Der Brocken mit seinen 1.142 Metern? Der Mount Everest! Ich erinnere mich noch gut an die Winterurlaube mit meiner Familie im Harz. Wir rodelten und wanderten durch den Schnee. Jahre später ließ ich den Schlitten zu Hause und packte dafür meine Kamera und Roamers-Kollege Leo ein. Wir machten uns auf die Suche nach spannenden Motiven und wurden fündig, als die Wolkendecke sich öffnete und die frisch verschneite Landschaft freigab.

Harz Sachsen-Anhalt 15:00 02/2021 22 mm f5.6 1/320 ISO100

Markgrafenheide
Mecklenburg-Vorpommern
13:44
08/2020
25 mm
f2.8 1/2500 ISO200

Feuerqualle Felix Gänsicke

↓ Im Sommer gibt es ab und zu kalte Wasserströmungen in der Ostsee, die Feuerquallen bis dicht an die Küste treiben. Vom Ufer aus wirkt es beeindruckend, wie das Meer von rötlichen Punkten durchzogen ist. Noch mehr allerdings fasziniert es mich, die glibberigen Meeresbewohner unter Wasser zu betrachten. Erst dann sieht man, wie lang ihre Nesseln tatsächlich sind, die bei Hautkontakt ein höllisches Jucken auslösen. Und begreift, wie viel Abstand zu ihnen angebracht ist. Ich bin schon einige Male genesselt worden. Es fühlt sich an, als wäre man in Brennesseln gefallen, nur noch schlimmer. Ein Glück hört das Brennen nach ein paar Stunden auf.

Eckernförde Schleswig-Holstein 12:56 06/2020 48 mm f5.0 1/400 ISO100

Quallensackgasse Leo Thomas

↑ Vom Ostwind getrieben, überdecken massenhaft Quallen das Eckernförder Hafenbecken und können nicht mehr weiter. Ihre durchsichtigen Körper reflektieren das grelle Sonnenlicht. Es scheint, als würden sie leuchten. Entstanden ist dieses Foto an einem Tag im Mai. Ich war fasziniert von dem abstrakten Muster, das die Quallen bildeten, als ich sie von der Mole aus durch die Kamera betrachtete.

Feldberg Hessen 13:53 12/2020 24 mm f2.8 1/500 ISO100

Winterlicher Taunus Daniel Ernst

← Einer der schönsten Tage, die ich bislang im Taunus erlebt habe. Eine frische Schicht Schnee bedeckte den Gipfel des Feldberges und während das Tal im Nebel lag, drang das Sonnenlicht um die Mittagszeit hoch oben immer wieder sanft durch die Baumreihen und verschwand dann wieder im Dunst. Ein sehr besonderer, softer Glow, den ich auf diesem Foto festgehalten habe. Durch die offene Blende konnte ich den Vordergrund leicht unscharf gestalten und die Aufmerksamkeit wird noch stärker auf das unglaublich schöne Sonnenlicht gelenkt.

Am höchsten Punkt Max Muench

↓ Die Bergstation am höchsten Punkt Deutschlands, der Zugspitze, wirkte wie aus einem James-Bond-Film. Gefrorene Fenster und Wege, aufgewirbelter Schnee und Kaiserwetter. Österreich ist von hier aus nur einen Schneeballwurf weit entfernt. Die Fahrt in der neuen Eibsee-Gondel nach oben ist aufregend und gleichzeitig eine Weltrekordfahrt: Man überwindet nicht nur den größten Höhenunterschied in einer Gondel (1.945 Meter), sondern hängt auch am längsten freien Spannfeld (3.213 Meter).

Zugspitze
Bayern

10:20
02/2020

28 mm
f2.8 1/2500 ISO100

Harz
Sachsen-Anhalt

14:28
02/2021

24 mm
f5.0 1/240 ISO100

Eine Fahrt ins Weiße

Leo Thomas

← Ein Wintertag im Harz. Nachdem ich mit Lennart Pagel zu einem Aussichtspunkt gewandert war, um das Schloss Wernigerode zu fotografieren, machten wir uns mit dem Auto auf den Rückweg – und kamen plötzlich nicht mehr aus dem Staunen heraus: Das Eis hatte die komplette Landschaft in kaltes Blau und Weiß getaucht. Logisch, dass wir anhielten und eine Drohne aufsteigen ließen. Ein unglaublicher Anblick. Nur die Straße, die sich durch den Wald schlängelte, trotzte den Minustemperaturen.

Helgoland
Schleswig-Holstein
11:31
01/2020
400 mm
f5.6 1/400 ISO200

Robbenbabys auf Helgoland
Leo Thomas

↑ Helgoland ist einer der wenigen Orte in Deutschland, an denen wirklich spannende Wildlife-Fotos möglich sind. Und dafür muss man sich noch nicht mal in Gefahr begeben! Die Kegelrobbenbabys, die hier von Anfang Dezember bis Ende Januar an den Stränden liegen, sind eher als harmlos einzustufen. Flauschige Wesen, die bräsig herumliegen und darauf warten, gesäugt zu werden. Ein Abstand von mindestens 30 Metern ist dennoch angebracht, um das Muttertier nicht zu verängstigen. Die Jungtiere können sich zu diesem Zeitpunkt noch nicht alleine versorgen.

Auf dem roten Thron
Daniel Ernst

→ Ein Ort, der mich mehr an die Färöer Inseln erinnert als an Deutschland. Die Steilküste Helgolands ist eine der beeindruckendsten Landschaften, die ich je in Deutschland gesehen habe. Wie beeindruckend hoch der markante rote Stein ist, wird einem besonders dann bewusst, wenn man ihn wie auf diesem Foto ins Größenverhältnis zu einem Menschen setzt. Es war ein stürmischer Wintertag mit relativ flachem Licht, aber genau das erlaubte es mir, die Steilküste ohne viel Schatten und gut ausbelichtet einzufangen.

Helgoland Schleswig-Holstein *15:18 01/2023* *31 mm f6.3 1/100 ISO400*

Garmisch Bayern · 10:30 01/2016 · 35mm f2.8 1/50 ISO100

Eiskalt verzaubert Jannik Obenhoff

← Der Vormittag, an dem ich dieses Bild machte, war so kalt, dass sogar der fast gefrorene Fluss gedampft hat. Wie der Fluss heißt? Kann ich gar nicht sagen. Dem Bild ging keine Planung voraus, es ist im Winter 2016 bei einem spontanen Zwischenstopp entstanden. Ich war mit zwei Freunden unterwegs in die Berge und wir hielten an, weil wir es nicht glauben konnten, in was für eine Märchenwelt der in der Nacht gefallene Schnee die Landschaft rund um Garmisch verwandelt hatte. Der leichte Schneefall, das leise Plätschern des fließenden Wassers, die eiserne Kälte – wir waren komplett verzaubert.

Herbst am Obersee Daniel Ernst

→ Mein liebster See in Deutschland ist der Obersee bei Berchtesgaden. Die hohen, wahnsinnig steilen Felswände zu beiden Uferseiten, von denen Wasserfälle hinunterschießen, die verhältnismäßig schmale Wasserfläche dazwischen – der Teil des Nationalparks erinnert mich immer sehr an die Fjorde Norwegens. Eine Szenerie, die tagsüber hunderte Menschen auf einmal anzieht. Am frühen Vormittag dagegen ist es noch möglich, diesen so besonderen Ort in Ruhe zu genießen. Dieses Foto ist an einem wunderschönen Herbsttag entstanden. Die Bäume erstrahlten rötlich-gelb und der See lag spiegelglatt vor meiner Frau Natascha und mir.

Obersee Bayern · 10:20 08/2018 · 28 mm f3.2 1/800 ISO100

Ernst-Moritz-Arndt-Sicht
Mecklenburg-Vorpommern
09:42
04/2018
24mm
f2.8 1/2500 ISO100

Das Gefühl von Urlaub Max Muench

↑ So schön und entspannt viele Motive oft wirken – nur selten geraten wir als German Roamers zufällig an einen Ort und machen einfach mal relaxed ein paar Fotos. Bei allem Spaß ist das Fotografieren ja unser Job. Hinter unseren Bildern steckt oft ein hoher Aufwand. An diesem Morgen bin ich zwölf Kilometer über die Insel Rügen gewandert, um für ein Unternehmen Fotos zu erstellen. Auf dem Rückweg kam ich dann an dieser wunderschönen Aussicht vorbei und nutzte den Moment, um ein wenig zu verschnaufen. Zum Glück hatte ich die obligatorische Hängematte im Wanderrucksack.

Friesischer Charme

Manuel Dietrich

Als ich Sylt zum ersten Mal besuchte, hatte mir schon gefühlt jeder von der wohl bekanntesten Insel Deutschlands vorgeschwärmt. Die Erwartungen waren so hoch, dass ich eigentlich nur enttäuscht werden konnte. Eigentlich. Denn mit ihrem rauen Charme zog sie auch mich augenblicklich in ihren Bann. Wie verzaubert blickte ich auf die Reetdachhäuser und den Leuchtturm von Hörnum und drückte den Auslöser.

Hörnum
Schleswig-Holstein
13:58
11/2021
85 mm
f4.0 1/640 ISO100

Spaziergang im Herbstleuchten

Nikolaus Brinkmann

↑ Herbstlicher Spaziergang am Baldeneysee. Da ich mein ganzes Leben in Essen gewohnt habe, kenne ich den Baldeneysee wie meine Manteltasche, trotzdem hatte ich ihn lange Zeit kaum fotografiert. Er war für mich Alltag, nichts Besonderes. Als ich an diesem Tag an seinem Ufer unterwegs war, machte es plötzlich klick: Unfassbar, wie wunderbar die Bäume leuchteten! Warum hatte ich das vorher nie wahrgenommen? Ich ging zum Haus Scheppen, einer begehbaren Teilruine, und machte dort dieses Bild. Der beste Beweis, dass man nicht unbedingt hunderte Kilometer weit fahren muss, um ein tolles Motiv einzufangen. Manchmal reicht es, die direkte Umgebung mit wachen Augen zu betrachten.

Baldeneysee
Nordrhein-Westfalen

10:18
10/2020

70 mm
f3.5 1/60 ISO320

Einsam Daniel Ernst

↓ Eine einsame Rotbuche, die inmitten von Fichten in ihrem Herbstkleid herausragt. Dieses schöne Motiv entdeckte ich bei einem Spaziergang im Taunus, meiner Heimatregion. Das Wetter war perfekt, zwischen den Bäumen hing ein feiner Nebel, die Sonne kam nicht so richtig durch die Wolken und es regnete leicht. Es war absolut still im Wald, außer mir schien kein Mensch unterwegs zu sein.

Taunus
Hessen
10:34
11/2018
61 mm
f2.8 1/100 ISO320

Gmund am Tegernsee
Bayern

16:25
10/2021

250 mm
f5.6 1/1000 ISO100

Segeln auf Gold Johannes Höhn

← Vom Tegernsee gibt es unzählige Fotos. Wer ihn erkundet, stößt unweigerlich auf viele Motive. Ihn originell ablichten, ist echt schwierig. Man braucht viel Glück, um im richtigen Moment am richtigen Ort zu sein und eine ungewöhnliche Perspektive zu entdecken. So wie ich während einer Tagestour entlang seines Ostufers: Als ein Segelboot über den See glitt und die Herbstsonne das Wasser glitzern ließ, legte ich mich auf den Boden und fotografierte quasi auf Höhe der Wasseroberfläche. So bekam ich die Wasserpartikel in die Unschärfe und es entstand eine ungewohnte Bildtiefe.

Sonnenbadblüte Lea Milde

↓ Die Grönauer Heide gilt als einer der artenreichsten Lebensräume Schleswig-Holsteins. Ein Paradies ist das südlich von Lübeck gelegene Naturschutzgebiet besonders für Tierarten, die mit Wärme und wenig Niederschlag zurechtkommen. Auf einem Trockenrasen entdeckte ich unzählige Schmetterlinge, Wildbienen und andere Insekten. Wie ich genossen sie die warmen Strahlen des Mittagslichts. Ich packte mein Makroobjektiv aus, um dieses wundervolle Ökosystem festzuhalten. Bei dem Schmetterling, der sich auf dem Foto auf einer Blume sonnt, handelt es sich um einen Dickkopffalter.

Grönauer Heide
Schleswig-Holstein
11:36
07/2021
100mm
f8.0 1/1250 ISO640

Gießen
Hessen
18:33
10/2019
24 mm
f2.8 1/120 ISO400

Versteckter Charme Lennart Pagel

↓ »Die älteste«, »die reichste«, »die wärmste« - wir Deutsche lieben es, unsere Städte mit Superlativen zu versehen. Gießen, eine mittelgroße Stadt in Mittelhessen, sträubt sich auf den ersten Blick dagegen. Als ich zum Studium hierherzog, machte ich mich dennoch - oder erst recht? - auf die Suche nach Gießens Einzigartigkeit. Mit Erfolg! Ein gutes Beispiel ist das Grüne Haus im Botanischen Garten. Ein wundervoller Ort. Übrigens der älteste botanische Garten nördlich der Alpen, der sich heute noch an seinem ursprünglichen Standort befindet. Bitte schön, doch ein Superlativ.

Dernau Rheinland-Pfalz
10:09 11/2020
24mm f5.0 1/320 ISO100

Herbstliches Gold Leo Thomas

↑ Ein Foto, das für mich im Nachhinein eine besondere Bedeutung bekommen hat. Es zeigt die herbstlich erleuchteten Weinberge rund um Dernau, einem Dorf im rheinland-pfälzischen Landkreis Ahrweiler. Eine trügerische Idylle. Entstanden ist es Anfang November 2020, etwa acht Monate, bevor hier die Flut zu unglaublichen Verwüstungen führte und viele Menschen starben. Einen kleinen Eindruck davon bekam ich, als ich im darauffolgenden November nochmals nach Dernau fuhr. Schon die Anreise gestaltete sich schwierig, weil noch so viele Straßen zerstört waren.

Gießen
Hessen

12:48
10/2017

24 mm
f6.3 1/500 ISO200

Spiegel im Auenland Lennart Pagel

← Die Lahnauen zwischen Wetzlar und Gießen sind zu jeder Jahreszeit besuchenswert, doch im Herbst entfalten sie ihre volle Schönheit. Die Laubbäume entlang der Lahn und rund um die Baggerseen erstrahlen in Gelb und Gold. In den Morgenstunden versteckt sich das Naturschutzgebiet oft im Nebel, schafft es die Sonne mittags durch die Wolken, ergeben sich jedoch spektakuläre Licht- und Farbstimmungen. Als ich die einzigartige Landschaft erkundete, war das Wasser so glatt, dass sich die Wolken in ihm spiegelten.

Der Höhlenforscher Max Fischer

↓ Entlang des südwestlichen Harzrandes, von Osterode bis hinter Nordhausen, erstrecken sich weiträumige Gipskarstlandschaften. Sie bestehen aus Kreideklippen, Teichen und Quellen. Und es gibt dort sogar begehbare Höhlen. Für mich besonders reizvoll. Wer träumte als Kind nicht davon, die Geheimnisse dunkler Höhlen zu erkunden? Auch aus fotografischer Sicht sind sie spannend. Es ist eine große Herausforderung, mit den schwierigen Lichtsituationen in ihnen umzugehen. Dass es mir gelungen ist, hat in mir ein kleines Glücksgefühl ausgelöst. Das helle Licht des Höhleneingangs bot einen starken Kontrast zu den dunklen Felswänden und erfasste so gerade noch den herabsteigenden Wanderer.

Gipskarstlandschaft Südwestharz
Niedersachsen
16:00
05/2020
24mm
f1.4 1/320 ISO1250

Rakotzbrücke
Sachsen
09:20
06/2017
70 mm
f14.0 1/50 ISO1600

Rakatz Lennart Pagel

← Wer in den vergangenen Jahren regelmäßig auf Instagram unterwegs war, hat vermutlich schon das eine oder andere Foto dieser einzigartigen Brücke gesehen, deren Spiegelung im ruhigen Wasser einen perfekten Kreis ergibt. Mit über 26.000 Beiträgen unter dem Hashtag *#Rakotzbrücke* zählt das romantische Bauwerk im Azaleen- und Rhododendronpark Kromlau zu einem der beliebtesten Motive des Landes. Umso froher macht es mich, dass mir eine ganz eigene Version des Rakotz-Fotos gelungen ist. Dank einer Katze, die aus dem Gebüsch geschlichen kam und sich perfekt positionierte.

Hohenrechberg nach dem Regen Dominic Lars

→ Am Albtrauf, dem nordwestlichen Rand der Schwäbischen Alb, hängen nach dem Regen sehr oft die Wolken eine Zeit lang fest. Dieses Phänomen machte ich mir an diesem späten Nachmittag zunutze und fuhr mit meiner Drohne zum Hohenrechberg bei Schwäbisch Gmünd. Im Vordergrund sieht man die barocke Kirche St. Maria, etwas weiter hinten lässt sich die Burg Hohenrechberg erahnen. Neben der bereits erwähnten, für den Albtrauf so typischen Wolkenstimmung, fasziniert mich an diesem Bild das Lichtspiel, das die schon recht tief stehende Sonne erzeugt.

Hohenrechberg
Baden-Württemberg
16:59
10/2020
28mm
f9.0 1/400 ISO100

Doppelregenbogen über Schloss Braunfels

Thomas Glomm

↑ Nach einem Trip nach Frankfurt entschied ich mich, noch mal einen Ausflug nach Braunfels zu machen. Für mich eines der schönsten Schlösser Deutschlands. Es liegt etwa 60 Kilometer nördlich von Frankfurt im Lahn-Dill-Kreis. Das Wetter war perfekt: Sonnenschein mit kleineren Regenzellen. Ideale Voraussetzungen für Regenbogen. Dass ich über dem wundervollen Bauwerk gleich zwei auf einmal erleben würde, damit hatte ich dann doch nicht gerechnet.

Braunfels
Hessen

17:37
05/2021

28mm
f2.2 1/400 ISO100

Königssee-Idylle Patrick Monatsberger

↓ Hoch über dem Königssee in Berchtesgaden, auf 1.346 Metern Höhe, liegt die Archenkanzel. Bei guter Sicht hat man von der Aussichtsplattform einen großartigen Ausblick auf weite Teile des Sees. Entstanden ist dieses Foto an einem Wanderwochenende mit meinem Vater, das ich ihm zum 60. Geburtstag geschenkt hatte. Wir verbrachten die Nacht in der Hütte der Kührointalm und brachen nach einem Frühstück in aller Ruhe auf. So hatte die Sonne ein wenig Zeit, sich durch den dichten Nebel zu kämpfen.

Archenkanzel
Bayern

10:18
07/2017

24 mm
f14.0 1/80 ISO100

Ostseesurfen

Felix Gänsicke Surfen auf der Ostsee ist anders als im Atlantik oder Pazifik. Die Wellen sind kurz, sie entstehen nur bei starkem Wind, der Salzgehalt des Wassers ist niedrig. Denkbar schlechte Vorzeichen für eine gute Surfsession. Sollte man meinen …

Es ist fünf Uhr morgens und ich kann nicht schlafen. Seit gestern Abend steht mein Adrenalinpegel am Anschlag. Ich liege in meinem Bus und warte darauf, dass es draußen hell wird. Alle Windvorhersagen und Webcams sagen das Gleiche: Heute wird es gut. Meine Kamera habe ich schon am Vorabend bereit gemacht und ins Unterwassergehäuse gesteckt. Nichts soll schiefgehen, wenn die Vorhersage eintritt. Meine Kumpels liegen in ihren Bussen auf dem gleichen Parkplatz. Sie durchfluten in diesem Moment die gleichen Gefühle der Anspannung und freudigen Erwartung wie mich, das weiß ich. Es ist Wochen her, dass der Surf so gut war, wie er heute laut Vorhersage werden soll. Und genau darin liegt die Krux: Die Bedingungen sollen gut werden. Das heißt noch gar nichts.

Die Ostsee ist an der tiefsten Stelle 459 Meter tief, im Durchschnitt 52 Meter. Sie ist etwas größer als Deutschland und damit eines der kleinsten unter den Weltmeeren. Es gibt neun Anrainerstaaten, die allesamt einen Großteil ihres Schiffsverkehrs über wenige enge Verkehrsrouten jagen. Viele weitere Faktoren belasten die Ostsee, zum Beispiel Düngemittel aus der Landwirtschaft. Je nach Region variiert der Salzgehalt stark, vielerorts liegt er unter 2 %, und der allgemeine Gesundheitszustand der Ostsee verschlechtert sich zusehends.

Damit es hier an der deutschen Ostseeküste surfbare Wellen gibt, muss der Wind stark und konstant aus West oder Ost kommen. In großen Meeren drückt der Wind weit draußen auf dem offenen Wasser Energie vor sich her, die sich dann, nach tausenden Kilometern Reise, an lang gezogenen Sandstränden oder Riffen in wunderschön geformten Wellen entlädt, am besten ohne Wind. Durch die geringe Wassertiefe der Ostsee und den kurzen Abstand zwischen den Küsten entstehen Wellen hier einzig dort, wo der Wind sie unmittelbar vor sich herschiebt. Der Abstand zwischen den Wellen ist sehr kurz und sie haben verhältnismäßig wenig Kraft. Außerdem haben Surfbretter bei wenig Salzgehalt weniger Auftrieb.

Ungeachtet der schlechten Vorzeichen haben wir einen Weg gefunden, auf der Ostsee ungeahnten Spaß mit dem Surfboard zu haben. Es gibt hier eine sehr überschaubare Anzahl an Surfspots, für die es sich lohnt, jeden Tag vor der Wetter-App zu hängen und auf den vorhergesagten Sturm zu warten. Ist es dann so weit, sind wir Stunden mit unseren Bussen unterwegs auf der Suche nach der richtigen Mole, Landzunge oder Buhne, die den Wellen ausreichend Schutz bietet, um sich zu sortieren. Als Surfer braucht man Jahre, bis man in dem Kabbelwasser der Ostsee einigermaßen klarkommt. Man muss schon einen an der Murmel haben, um daran Gefallen zu finden. Manche machen es nur für das Licht, sagt man.

Mittlerweile ist es 5:30 Uhr und die ersten Sonnenstrahlen fallen durch die Frontschutzscheibe auf mein Gesicht. Draußen wachst jemand sein Surfbrett. Ich schlüpfe aus dem Bett direkt in meinen Neoprenanzug und schnappe mir meine Unterwasserkamera. Meine Schiebetür geht auf und mein Kumpel Dan guckt rein: »Bereit?« Der Himmel lächelt uns in Pastellfarben zu und die Ostsee schäumt. Es fällt mir schwer, mein Brett im Auto zu lassen, aber Bedingungen wie heute gibt es selten und Fotos davon noch seltener. Wir verstecken unsere Autoschlüssel und rennen die Küstenpromenade entlang zur Seebrücke. Um uns den Paddelweg nach draußen zu ersparen, ignorieren wir die Warnungen der Rettungsschwimmer und springen vom Ende der Seebrücke ins Wasser. Alles ist genau so, wie vorhergesagt.

Abendlicht

/ˈaːbn̩tˌlɪçt, Ábendlicht/

abendliches, während der Dämmerung herrschendes Licht

Mitternacht
1:00
2:00
3:00
4:00
5:00
6:00
7:00
8:00
9:00
10:00
11:00
Mittag
13:00
14:00
15:00
16:00
17:00
18:00
19:00
20:00
21:00
22:00
23:00
Abendlicht
Winterzeit
Sommerzeit

Allabendlich

Singt der letzte Ton
Eine Ode an den Tag

Gesang der Geschichte

Waren wir nur Schatten?
Tanzend an der Höhlenwand?
Kreidestriche
Erzählen unser Leben
Lascaux
Was bleibt
Ist das Rot der Zeit

Wo wir flügellos
Am Boden wachsen
Mäandern
In das dunkelste Grau

Helgoland
Schleswig-Holstein
16:40
01/2020
69 mm
f4.0 1/250 ISO100

Inselschafe Leo Thomas

↑ Majestätisch positionieren sich die Schafe auf dem Hang. Ihr Fell weht dramatisch im Wind, ihr Blick schweift in die Ferne. Sind sie die eigentlichen Herrscher von Helgoland? Auf mich wirkte es so, als ich Anfang Januar über die einzige deutsche Hochseeinsel spazierte und die Tiere entdeckte. Ich genoss diesen Moment sehr. Helgoland erinnerte mich auf einmal an die Faröer Inseln, die ich schon mehrmals besucht habe, eines meiner liebsten Reiseziele. Auf den Färöern machen frei herumlaufende Schafe einen Großteil der Inselbevölkerung aus und auch das Wetter ist vergleichbar schroff.

Glühende Fichten Natascha Klein

↓ Der Herbst sorgt im Taunus immer für eine ganz besondere, mystische Stimmung. An diesem Novembertag war es sehr grau im Tal, per Webcam konnten wir jedoch erkennen, dass der Gipfel des Feldberges über die Wolken hinausragte. Also machten wir uns schnell auf den Weg. Als wir oben ankamen, näherte sich die Sonne langsam dem Horizont und der Nebel begann zu glühen. Ein großes Naturspektakel. Wir waren im genau richtigen Moment da, um es mit der Drohne festzuhalten. Die Fotos, die an diesem Abend entstanden, sind bis heute meine liebsten Luftaufnahmen aus dem wunderschönen Taunus.

Großer Feldberg
Hessen

17:30
11/2020

24 mm
f5.0 1/100 ISO100

Nienhagen
Mecklenburg-Vorpommern

21:04
05/2021

35mm
f5.0 1/640 ISO400

Buhnensurf

Felix Gänsicke

↓ Aus Surfersicht ist die Ostsee extrem. Die meiste Zeit des Jahres ist nicht viel los, die Wellen sind viel zu klein, als dass man sie reiten könnte. Das ändert sich jedoch schlagartig, wenn es stürmt. Dann ist es eine große Herausforderung, über das Wasser zu gleiten. Es braucht viel Geduld. Ein Glück gibt es zahlreiche Buhnen, die dafür da sind, die Wellen zu brechen, wenn das Meer aufraut. Hinter den Buhnenköpfen bilden sich oft kleine Sandbänke, auf denen sich das Wasser verwirbelt. Hervorragend, um sich mit dem Surfbrett auszutoben. Auf dem Foto ist mein Kumpel Leon zu sehen, der kurz davor ist, sich in die Wellen zu werfen.

Bruchhauser Steine
Nordrhein-Westfalen
18:14
11/2020
16mm
f4.0 1/250 ISO500

Steinerne Kolosse

Lennart Pagel

↑ Hoch über der Landschaft des Sauerlandes thronen vier riesige Felsen, die Bruchhauser Steine. Die Steinformationen vulkanischen Ursprungs ragen knapp 100 Meter aus dem Wald hervor und bieten spektakuläre Ausblicke auf die umliegenden Dörfer, Täler und Hügel. Wir hatten uns vorgenommen, einen Sonnenuntergang auf ihren Gipfeln zu erleben und kamen gerade rechtzeitig, bevor der Himmel über uns sprichwörtlich in Flammen aufging. Wir blieben, bis der letzte Farbtupfer vom Himmel verschwunden war.

Helgoland
Schleswig-Holstein
18:45
09/2021
600mm
f6.3 1/500 ISO400

Bokeh für den Basstölpel

Anskar Lenzen

↑ Helgoland war lange Zeit ein Sehnsuchtsziel für mich. Das erste Mal betrat ich die kleine Nordseeinsel 2021, gemeinsam mit Lea, meiner Freundin. Nachdem wir angekommen waren, gingen wir direkt zum Sonnenuntergang hoch zu den Steilklippen, an denen jedes Jahr tausende Seevögel in riesigen Kolonien brüten. Ein einmaliges Erlebnis. Der Basstölpel, der auf dem Foto zu sehen ist, findet in Deutschland nur auf Helgoland passende Brutplätze. Ein reines Spektakel, diese Art dort zu beobachten! Bei der riesigen Anzahl an Brutvögeln ist es nicht einfach, einzelne von ihnen für ein Porträt zu isolieren. Als das Meer von der untergehenden Sonne angestrahlt wurde und sich ein wundervolles Bokeh entwickelte, ist es mir jedoch geglückt.

Lothardenkmal am Siedigkopf
Baden-Württemberg
19:21
08/2020
31mm
f4.0 1/500 ISO100

Licht für Lothar

Anskar Lenzen

↓ Das Lothardenkmal ist ebenso schön wie schaurig. Der Künstler Norbert Feger hat es aus drei Weißtannen errichtet, um daran zu erinnern, welche großen Schäden der Sturm »Lothar« im Schwarzwald im Jahr 1999 verursachte. Naturgewalten gehören zu unserem Leben. Leider ist es nicht von der Hand zu weisen, dass sowohl Häufigkeit als auch Intensität durch den menschengemachten Klimawandel zunehmen. Die Schäden sind oft gewaltig oder irreparabel. Ein Sturm kann aber auch neue Chancen eröffnen. Im Schwarzwald etwa entwickelte sich nach »Lothar« ein stärkerer und artenreicherer Wald als zuvor. Die menschengemachte Fichtenmonokultur wurde teilweise aufgebrochen. Im richtigen Licht fotografiert, steht das Mahnmal also auch für eine gewisse Hoffnung.

Rangiswanger Horn
Bayern

15:32
11/2020

35mm
f4.0 1/8000 ISO100

Halo im Schneegestöber

Florian Wenzel

↑ Dieses Foto ist mehr Schnappschuss als aufwendige Komposition. Wir waren spät dran bei unserem Aufstieg auf das Rangiswanger Horn in den Allgäuer Alpen und es schneite immer wieder. Trotzdem gelang es uns, die niedrige Wolkendecke zu durchbrechen und den Sonnenuntergang über ihr zu erleben. Als wir zum ersten Mal das grelle Sonnenlicht auf unserer Haut spürten, sah ich plötzlich diesen Halo. Ein Phänomen, das man bei uns nur selten sieht. Es ist ein optischer Effekt, der entstehen kann, wenn das Sonnenlicht an Eiskristallen bricht und reflektiert. Klar, dass ich sofort die Kamera zückte, eilig nach einer Möglichkeit suchte, die Lichtsäule einzurahmen, und den besonderen Moment augenblicklich festhielt.

Abendkletterei

Steven Weisbach

Ich mag das Fotografieren sehr, aber es gibt Momente, in denen wäre ich lieber einer der Menschen vor der Kamera und nicht der Typ dahinter. Ein gutes Beispiel ist die Sonnenuntergangskletterei im Schrammsteingebiet in der Sächsischen Schweiz, zu der ich mich mit zwei Freunden an einem Wintertag verabredete. Wie gerne wäre ich mit ihnen ganz nach oben geklettert! Stattdessen blieb ich weiter unten und hielt fest, wie sie am Gipfel ankamen. Trotzdem eine schöne Erinnerung.

Elbsandsteingebirge
Sachsen
15:40
11/2020
50mm
f3.5 1/1000 ISO100

Guggersee Bayern 20:23 05/2020 50 mm f3.5 1/250 ISO200

Klein, aber oho Marina Weishaupt

← Geht die Sonne auf, richten die meisten Menschen ihren Blick zur Lichtquelle. Beim abendlichen Alpenglühen findet das eigentliche Spektakel in entgegengesetzter Richtung statt. Am Guggersee erstrahlen in diesem Moment regelmäßig Trettachspitze, Mädelegabel und die Berge der guten Hoffnung in gold-rotem Licht. Bei optimalen Wetterverhältnissen und ohne Wind spiegeln sich die Zweitausender sogar im klaren Wasser - ein perfektes Fotomotiv. Faszinierend, welche optischen Illusionen an dem kleinen Hochgebirgssee im Allgäu entstehen, wenn man mit verschiedenen Perspektiven spielt.

Skate-Heaven Arthur Litau

→ Ich lebte von 2017 bis 2018 direkt am Fuße des Feldberges im Schwarzwald. Ich arbeitete für ein Hotel und nach Feierabend war ich meistens mit meinem Skateboard und meiner Kamera unterwegs. Die Stille rund um den 1.277 Meter hohen Berg hat mich jeden Tag aufs Neue überwältigt. Anfangs fotografierte ich nur die Natur, irgendwann fing ich an, mich selbst zu einem Teil des Motivs zu machen. Ich suchte einen geeigneten Ort für die Kamera, setzte sie auf ein Stativ, fuhr los und bediente den Fernauslöser. Indem ein Mensch auf einem Landschaftsbild zu sehen ist, bekommt es in meinen Augen eine ganz andere Anziehungskraft. Es macht neugierig und erzählt plötzlich seine ganz eigene Geschichte.

Weg zum Feldberg-Gipfel Baden-Württemberg 19:38 04/2017 55-210 mm f4.5 1/800 ISO100

Lummenfelsen Helgoland
Schleswig-Holstein
18:15
09/2021
24mm
f2.8 1/2500 ISO100

Basstölpel im goldenen Licht Lea Milde

← Die Helgoländer Lummenfelsen mit ihren brütenden Basstölpeln sind ein faszinierend chaotischer Ort. Ich war von den vielen Motiven total überfordert. Nachdem ich versucht hatte, das wilde Geschehen mit meinem Teleobjektiv einzufangen, wechselte ich nach einiger Zeit zum Weitwinkelobjektiv, das in der Wildtierfotografie eher selten genutzt wird. Während die Sonne dem Horizont näher rückte, konzentrierte ich mich auf ein Basstölpel-Pärchen und umrahmte sie mit den gold-orange eingefärbten Gräsern am Wegesrand.

Der Schein trügt Marina Weishaupt

↓ So warm diese wunderbar goldene Stunde am Nordseestrand von Sankt Peter-Ording auf den ersten Blick auch wirken mag - der kalte Herbstwind hatte es in sich. Er wehte den lockeren Sand in starken Böen über den scheinbar endlosen Strand. Vereinzelt kämpften sich winzig erscheinende Personen ihren Weg zurück zur Seebrücke. Das Sonnenlicht reflektierte in den winzigen Sandkörnern und erzeugte auf den Sandbänken des zwölf Kilometer langen Strandes eine magische Stimmung.

Sankt Peter-Ording
Schleswig-Holstein
19:11
09/2018
70 mm
f2.8 1/2500 ISO125

Oberhausen
Baden-Württemberg
18:02
02/2021
70 mm
f5.6 1/320 ISO400

Lightshow Kerstin Maier

↓ Ein Abendspaziergang in der Nähe meines Wohnortes. Ich trat aus dem dichten Wald in die Dämmerung und traute meinen Augen nicht: Was für eine großartige Lightshow am Himmel. Im Dickicht der Bäume hatte ich davon nichts mitbekommen. Schnell positionierte ich mich so, dass ich die Obstbäume auf der Wiese mittig sah. Ich machte Fotos, in verschiedenen Brennweiten. Der Himmel veränderte sich ständig und strahlte immer farbenfroher. Plötzlich sah es so aus, als wären genau auf den Bäumen Spotlights. Ein Moment für die Ewigkeit.

Leuchtturm Westerheversand
Schleswig-Holstein
17:43
0/2021
210mm
f5.6 1/8000 ISO1250

Beflügelte Passanten

Johannes Höhn

↑ Es ist kurz vor sechs am Abend, als ich auf dem Deich bei Westerheversand stehe und das beliebte Motiv des ikonischen rot-weiß-gestreiften Leuchtturms fokussiere. Die Sonne geht wie geplant hinter dem Bauwerk an der schleswig-holsteinischen Nordseeküste unter – genau so hatte ich es mir vorgestellt. Plötzlich passiert etwas, das mir kurz die Sprache verschlägt: Hinter mir steigen abertausende Vögel auf und beginnen zwischen mir und dem Leuchtturm umherzufliegen. Als Zaungast dieser beeindruckenden Show, stehe ich wie gebannt da und drücke ständig den Auslöser, um den perfekten Moment einzufangen.

Ein Ort zum Verweilen

Lennart Pagel

↑ Bereits beim ersten Anblick der St. Colomanskirche war ich begeistert. Sie lag im malerischen Abendlicht inmitten von Wiesen und Feldern im bayrischen Allgäu. Eine Idylle, die von den Schwangauer Alpen im Hintergrund abgerundet wurde. Eine Infotafel lud ein zu einer Reise in die Vergangenheit: Das barocke Bauwerk wurde nach dem irischen Pilger Koloman benannt, der im Jahre 1012 hier gerastet haben soll. Über 1000 Jahre später bereichert die St. Colomanskirche Besuchende auf vielfältige Weise. Verweilenden gibt sie neue Kraft, Gläubigen Halt und Fotografierenden großartige Motive. Letzteren empfehle ich die Abendstunden. Da sich im Westen keine Berge erheben, fallen die letzten Sonnenstrahlen ungehindert auf die Kirche und lassen sie im schönsten Licht erscheinen.

Schwangau
Bayern

20:44
07/2020

115mm
f4.0 1/800 ISO500

Der Wolkenexpress Max Fischer

↓ Die Brockenbahn ist eine der berühmtesten Tourismus-Attraktionen des Harzes und dementsprechend auch ein beliebtes Fotomotiv. Ich hatte es mir daher zum Ziel gesetzt, die den Berg erklimmende Dampflok in einer besonderen Situation zu fotografieren: bei der Ankunft über den Wolken. Im Spätherbst kommt es gelegentlich zu Inversionswetterlagen und ein schier unendliches Wolkenmeer breitet sich unter dem Brockengipfel aus. Als die Sonne unterging und die Landschaft mit ihren letzten Strahlen in ein goldenes Licht tauchte, konnte ich das Foto so schießen, wie ich es mir vorgestellt hatte.

Brocken
Sachsen-Anhalt

17:45
11/2021

24 mm
f1.4 1/320 ISO800

Gespensterwald Nienhagen Mecklenburg-Vorpommern 21:32 06/2021 35mm f3.5 1/20 ISO200

Gespensterwald Felix Gänsicke

← Sich durch den Gespensterwald an der Küste von Nienhagen zu bewegen, ist ohne Frage ein wundervolles Naturerlebnis. Mehrere Fotos in diesem Bildband beweisen das eindrücklich. Für mich wird seine Einzigartigkeit jedoch erst so richtig greifbar, wenn man ihn aus dem kühlen Wasser der Ostsee betrachtet. Der Grund, weswegen ich im Abendlicht mit Flossen und einem Unterwassergehäuse hinausschwamm und dieses Foto machte. Aus der Distanz wird greifbar, wie ultra massiv dieser Wald ist. Wie aufgereihte Soldaten stehen die Bäume am Ufer.

Füssen von oben Thomas Glomm

→ Im Vordergrund das Hohe Schloss in Füssen und dahinter das Panorama der Allgäuer Alpen, die von den letzten Sonnenstrahlen des Tages beschienen werden – eine Aufnahme, die so nur mit einer Drohne möglich ist. Ich mag, dass es aus der Luft so wirkt, als thronte das wunderbare, spätgotische Schloss über der Stadt. Toll finde ich auch, wie die bunten Fassaden der unterhalb liegenden Häuserreihe im Abendlicht aufleuchten.

Füssen im Allgäu Bayern 20:56 07/2020 28 mm f2.2 1/8 ISO100

Köln
Nordrhein-Westfalen
21:37
06/2020
45mm
f2.8 1/100 ISO800

Nebel am Weiher Leo Thomas

↑ Bilder, die nah an meinem Zuhause entstehen, haben für mich einen besonderen Wert. Es begeistert mich immer wieder, meine alltägliche Umgebung neu zu entdecken. Die Aufnahme vom Deckensteiner Weiher ist ein gutes Beispiel. Das künstlich angelegte Gewässer am Stadtrand von Köln ist für mich eigentlich kaum erwähnenswert, es gehört einfach zu meinem Leben. Als ich auf dem Rückweg von einem Job mit meinen Freunden Johannes und Maik spontan beschloss, am Weiher anzuhalten, herumzuspazieren und ein paar Aufnahmen zu machen, sah ich ihn aber plötzlich in einem völlig anderen Licht. Wir konnten es kaum fassen, was für eine cineastische Kulisse uns umgab.

Gießen am Meer Lennart Pagel

→ »Du bist so hässlich und grau, ich glaub du stehst auf Beton« – so besingt die Band OK KID ihre Heimatstadt Gießen in ihrem Song »Graue Stadt ohne Meer«. Ich rechnete bei meinem Umzug hierher daher nicht damit, dass hier bald eines meiner liebsten Landschaftsfotos entstehen würde. Es war Winter und die Innenstadt wirkte besonders grau, umhüllt von dichtem Nebel. Mein Blick schweifte nach oben und da sah ich es – ein Loch im Nebel. Mein Kumpel und ich liefen zum höchstgelegenen Ausblick der Stadt und kein Witz: Für einen Moment wirkte es tatsächlich so, als läge Gießen am Meer.

Gießen Hessen
17:12 12/2017
105mm f9.0 1/125 ISO400

Usedom
Mecklenburg-Vorpommern
18:26
10/21
95mm
f3.5 1/320 ISO320

Fließendes Orange Leo Thomas

↑ Sonnenreflektionen auf dem Wasser gehören zu den Dingen, an denen ich mich nicht satt sehen kann. An diesem Abend brannte der Himmel besonders lang über der Ostsee rund um die Insel Usedom. Von einer Seebrücke aus, umgeben von Wasser, war es ein unfassbarer Anblick, wie das Wasser das leuchtende Orange reflektierte. Einer der besten Sonnenuntergänge, die ich 2021 erlebt habe – und als Outdoor-Fotograf erlebt man so einige.

Kölsche Geometrie Johannes Höhn

↓ Eine Aufnahme, die auf einem Maisfeld etwa 20 Kilometer östlich von Köln entstand. Von hier aus betrachtet, reihen sich zwei Wahrzeichen der Rheinmetropole genau hintereinander auf: der Kölner Dom im Vordergrund und der Fernsehturm direkt dahinter. Wenn dann noch in perfekter Symbiose die Sonne untergeht, ergibt sich eine geometrische Figur, die eine verblüffende Harmonie ausstrahlt. Diese Konstellation gibt es genau zwei Mal im Jahr, einmal im April und einmal im August.

Köln
Nordrhein-Westfalen
20:32
04/2021
800 mm
f8.0 1/320 ISO100

Watzmannhaus
Bayern

20:49
07/2018

16mm
f2.8 1/160 ISO320

Bergige Geborgenheit Johannes Höhn

↓ Die letzten Sonnenstrahlen des Tages hüllen das Watzmannhaus in ein goldenes Licht. Ein Ort der Sicherheit, hoch oben in den Berchtesgadener Alpen, etwa 800 Höhenmeter unterhalb der Spitze des dritthöchsten Berges Deutschlands, dem Watzmann. Wir stärken uns für den bevorstehenden nächtlichen Aufstieg, wenige Stunden Schlaf liegen vor uns. Die Berghütte spendet noch einmal ein wohlsam heimeliges Gefühl und lässt uns Kraft tanken. Es kann nur großartig werden!

Watzmann Bayern 21:06 07/2017 14 mm f2.8 1/250 ISO500

Die Schönheit zu Füßen Lennart Pagel

↑ Massive Felswände und tiefe Täler – wer im Sommer in den Bergen wandern geht, rechnet mit atemberaubenden Aussichten. In Vergessenheit gerät dabei oft genug die Schönheit direkt vor den eigenen Füßen. Ich bin bei jeder Wanderung aufs Neue begeistert von den vielen Wildblumen, die wachsen, soweit das Auge reicht. Die kleinen Farbtupfer haben mir schon so manchen schweren Anstieg erleichtert. Auch jenen im letzten Licht des Sonnenuntergangs auf den Watzmann-Gipfel.

Eine Lichtreise durch den Park

Lennart Pagel & Patricia Misch Denkt man an die Entstehung spannender Fotos, kommen vermutlich diese drei Aspekte als Erstes in den Sinn: eine tüchtige Kamera, ein ausdrucksstarkes Motiv und eine Person, die den Ausschnitt wählt und abdrückt.

Kamera, Motiv und persönliches Gespür sind sicherlich zentrale Voraussetzungen der Fotografie, doch für uns German Roamers spielt ein weiterer Faktor eine zentrale Rolle: die Gemeinschaft. Im Austausch mit anderen Fotograf:innen lernen wir neue Perspektiven kennen, entwickeln gemeinsame Visionen und erweitern unser technisches Know-how. So entstehen ungeahnte Fotos und kostbare Erinnerungen, die im begrenzten Rahmen der eigenen Gedanken und Fähigkeiten nicht hätten hervorgebracht werden können.

Bei unseren Community-Events dürfen wir immer wieder Zeuge dieser einzigartigen Dynamik werden – so auch beim »Instahike« im Herbst 2021 in Kassel. Durch eine Online-Ausschreibung hatten sich neun inspirierende Fotograf:innen zusammengefunden, um gemeinsam mit unseren Mitgliedern Leo und Lennart einen besonderen Ort zu erkunden – den Bergpark Wilhelmshöhe am Rande von Kassel.

Mit einem Wetterbericht, der Herbstsonne satt versprach, trafen wir uns mittags am Fuße des Bergparks. Nach einem ersten Kennenlernen der Fotograf:innen, die aus verschiedenen Regionen Deutschlands angereist waren, stand die erste Mission schnell fest: unsere Zelte für die Nacht aufbauen – dank Sondergenehmigung auf einer Wiese mitten im Park!

Anschließend starteten wir unseren Hike durch die wunderschönen Wälder des Bergparks, die sich langsam in goldenen Herbsttönen färbten. Es gab viel zu sehen und der Aufstieg zum höchsten Punkt – dem Oktagon mit dem Wahrzeichen Kassels, einer riesigen Herkules-Statue – dauerte einige Stunden. Viele Augen entdeckten einfach viel und das Lichtspiel der Herbstsonne in den Baumkronen bot im Nachmittagslicht unzählige Fotomotive. Das Highlight des Tages wurde, trotz des verzögerten Aufstiegs, pünktlich zum Sonnenuntergang erreicht: Wir bekamen exklusiven Zutritt zum Oktagon und in den Sockel des Herkules. Oben angekommen, bot sich uns eine atemberaubende Aussicht: Die gesamte Parkanlage bildet eine kilometerlange Sichtachse, die den Blick vom Herkules, entlang der Wasserspiele, über das Kasseler Schloss bis in die Innenstadt schweifen lässt. Gigantisch! Wir fotografierten, bis die letzten Strahlen des Tages verschwunden waren und wanderten schließlich im Schein unserer Taschenlampen zurück zum Basecamp. Mittlerweile war es kalt geworden, doch dank warmer Suppe und spannender Gespräche saßen wir noch eine ganze Weile zusammen, ehe wir uns in unsere Zelte verkrochen.

Nach einer kurzen und kalten Nacht klingelten die Wecker in aller Frühe. Die Wärme des Schlafsacks zu verlassen, fiel schwer, doch ausschlafen war keine Option. Auf dem Weg durch die Dunkelheit des Bergparks wurde bereits deutlich, dass die Strapazen der Nacht bald durch einen spektakulären Sonnenaufgang entschädigt werden würden. Die langsam aufgehende Sonne umtanzte den Herbstnebel und tauchte kurz darauf den gesamten Bergpark in ein magisches goldenes Licht, das von den Herbstfarben der Blätter reflektiert wurde. Staunend entdeckten wir Motive, an denen wir im Licht des Vortages einfach vorbeigeschaut hatten. Unzählige Bilder entstanden und die Freude über den Morgen verdrängte die Müdigkeit aus unseren Gesichtern.

Mit steigender Sonne wurden die Klicks der Auslöser weniger, bis irgendwann der letzte Shot des Morgens im Kasten war. Ein anderes Geräusch war unterdessen immer lauter geworden: Das Knurren unserer Mägen. Wir fanden uns beim Frühstück zusammen und stellten begeistert fest, wie viel man innerhalb von nur 24 Stunden erleben und fotografieren kann.

Nachtlicht

/'naxt,lıçt, Náchtlicht/

gedämpftes Licht im Mondschein und die blaue Stunde
zu Beginn der Nacht und des Tages

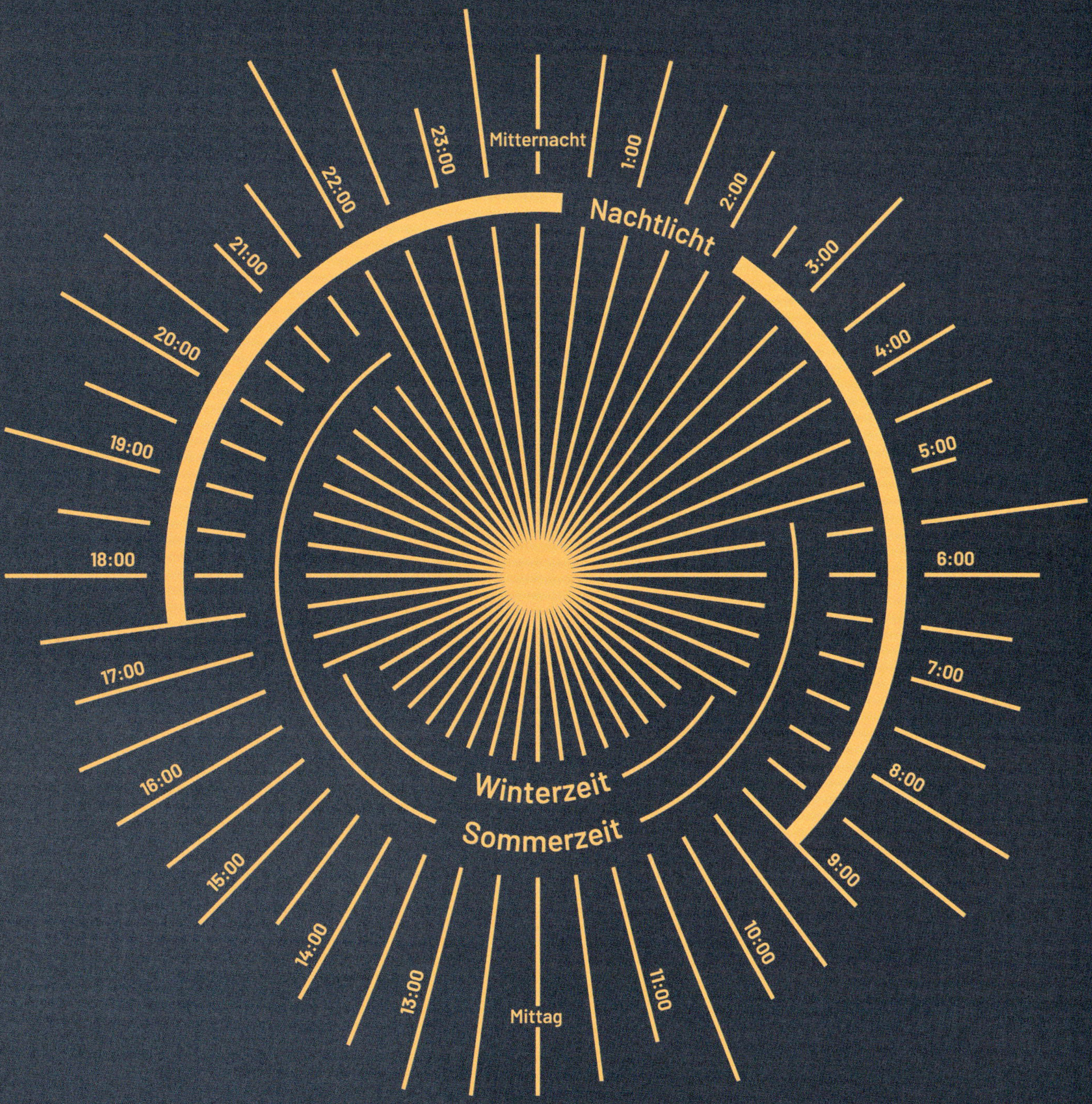

Mitternacht
1:00
2:00
3:00
4:00
5:00
6:00
7:00
8:00
9:00
10:00
11:00
Mittag
13:00
14:00
15:00
16:00
17:00
18:00
19:00
20:00
21:00
22:00
23:00
Nachtlicht
Winterzeit
Sommerzeit

All diese Farben
Zugedeckt im tiefsten Schlaf
Vereist

Schlafe ein
Kleiner Stern

Nimm dem Menschen sein Licht
Er interessiert sich nicht
Für dich

Er liebt den Schein
Nicht das Licht
Eine weitere Illusion
Ist das Sichtbare
Außerhalb des Raumes
In dem wir alle sind

Mondschein **Marina Weishaupt**

↑ Nach einem Sonnenuntergang färbte die blaue Stunde die hügelige Landschaft des Naturparks Nagelfluhkette. Der Mond schien so hell an diesem Sommerabend im Oberallgäu, dass es unnötig war, Stirnlampen zu benutzen. Und das, obwohl es längst nicht Vollmond war! Auf dem Weg nach oben auf die Obere Wilhelmine Alpe hatten meine zwei Mitwanderinnen und ich saftig grüne Wiesen mit bunten Wildblumen bestaunt, nun verschwand die Umgebung im Schatten. Nur aus dem Inneren der Hütte drang ein warmes Licht, das in einem schönen Kontrast stand zum kühlen Farbton des Firmaments und dem grellen Mond.

Nagelfluhkette Bayern

21:13 08/2021

50 mm f1.4 1/13 ISO1000

Nächtliche Begegnung Florian Wenzel

↓ In der Dämmerung ist man selten allein. Auf dem Weg zu einer Location in der Natur begegnen einem fast immer wilde Tiere. Ich halte deshalb immer schon unterwegs meine Kamera inklusive Teleobjektiv griffbereit und stelle die Belichtung ein. Eine Angewohnheit, die sich auszahlte, als ich im Dunkeln durch das baden-württembergische Naturschutzgebiet Leipheimer Moos wanderte und es rascheln hörte. Als neben mir ein Reh davonsprang, hatte ich die Kamera bereits gezückt und drückte mehrmals ab. Ein reiner Schnappschuss. Am nächsten Morgen stellte sich dieses Foto jedoch als das beste meiner nächtlichen Tour heraus.

Leipheimer Moos
Bayern

05:48
05/2021

435 mm
f6.3 1/800 ISO1600

Stade
Niedersachsen

21:21
08/2020

16 mm
f4.0 4s ISO100

Hafenmärchen Lennart Pagel

↓ Fachwerkhäuser, Wasserwege und Traditionen prägen die über tausendjährige Geschichte von Stade. Mein Spaziergang entlang des Hafens fühlte sich an wie eine Zeitreise. Um die märchenhafte Stimmung der kleinen niedersächsischen Hansestadt bildlich hervorzuheben, entschied ich mich für ein Foto nach dem Sonnenuntergang. Die warmen Lichter der beleuchteten Innenstadt bildeten den perfekten Farbkontrast zum blauen Himmel der Dämmerung. Die Stadt wirkte besonders ruhig und gemütlich. Und dann spiegelten sich die Mauern und Lichter auch noch im Wasser. Ich hätte Stade in diesem Moment am liebsten nie wieder verlassen.

Wernigerode
Sachsen-Anhalt
23:15
02/2021
70 mm
f2.8 1/100 ISO2000

Werniger ist mehr

Lennart Pagel

↑ Während die meisten Menschen die Heizung auf Fünf drehten, um den eisigen Temperaturen zu entkommen, packten Leo und ich unsere Kameras und Schlafsäcke für einen Foto-Camping-Trip. Unser erster Stopp: der Harz. Dort hatte es seit zwei Tagen ununterbrochen geschneit. Besonders magisch war die Kulisse in Wernigerode. Zwischen den Fachwerkhäusern lagen meterhohe Schneeberge, die nur noch vermuten ließen, dass unter ihnen Autos parkten.

Alpen im Winterkleid **Frederik Schindler**

↑ Im Allgäu sind meiner Meinung nach einige der interessantesten Bergformationen Deutschlands zu finden. Vor allem im Winter sehen die hohen, schneebedeckten Gipfel sehr speziell aus. So wie an dem Wintertag, an dem dieses Foto entstand. Die Wolken, die in unterschiedlichen Lagen zwischen den Bergen umherzogen, gaben der Landschaft einen surrealen Touch. Ich war ziemlich weit oben auf einem Gipfel unterwegs und in jede Richtung sah die Landschaft unglaublich aus. Um die Bildkomposition auf einen Berg zu fokussieren, war die Brennweite von 200 mm ideal. Ich wartete ab, bis eine Wolke seinen Gipfel abschnitt und drückte ab.

Allgäuer Alpen
Bayern

16:42
02/2019

200 mm
f5.6 1/1600 ISO100

Blutmondnacht Johannes Höhn

↓ Eine totale Mondfinsternis ist ein faszinierendes Ereignis. Das Phänomen tritt häufiger auf als eine Sonnenfinsternis, dennoch ergibt sich nur selten – im Schnitt etwa alle zwei Jahre – eine wirklich gute Gelegenheit, den kupferroten »Blutmond« auch fotografisch festzuhalten. An jenem Abend des 27. Juli 2018 ereignete sich die längste Mondfinsternis des 21. Jahrhunderts. Und dann waren über der rheinland-pfälzischen Stadt Cochem auch noch keine Wolken am Himmel! Die perfekten Gegebenheiten, um ein wirklich einmaliges Foto von der Reichsburg zu schießen. Bis kurz vor Mondaufgang suchte ich noch den geeigneten Blickwinkel, als der Mond dann sichtbar wurde, stand ich glücklicherweise goldrichtig.

Reichsburg Cochem
Rheinland-Pfalz

22:55
07/2018

200 mm
f4.0 0,8s ISO250

Halde Rheinpreußen
Nordrhein-Westfalen
22:36
07/2020
14 mm
f4.0 1/40 ISO1250

Der Wächter der blauen Stunde

Johannes Höhn

← Nordrhein-Westfalen ist bekannt für seine Industriedenkmäler und historischen Halden. Die Halde Rheinpreußen in Moers ist eher unbekannt, doch findet sich hier ein sehr sehenswertes Bauwerk: die vom Künstler Otto Piene gestaltete Landmarke »Das Geleucht«. Eine überdimensionale Grubenlampe auf einem Hügel, der einst mit Gestein aufgeschüttet wurde, das für den Steinkohleabbau nicht zu gebrauchen war. Heute trifft man hier, nur wenige Meter entfernt vom Rhein, in den Abendstunden Jogger, Spaziergänger und, nun ja, auch die ein oder andere Fotografin. Denn bei Einbruch der Dämmerung wird das Licht der Installation aktiviert und der Ort entfaltet eine unglaubliche Magie.

Mond sei Dank

Lennart Pagel

→ Es war ein ruhiger Abend in Berchtesgaden. Der Himmel war bewölkt, es gab weder einen Sonnenuntergang, noch einen Mondaufgang zu bestaunen. Der Ausblick auf die umliegenden Berge war beeindruckend, doch für ein spannendes Foto fehlte das gewisse Extra. Spontane Planänderung: Essen gehen statt Fotos machen. Auf dem Weg zum Restaurant fiel mein Blick immer wieder auf den mächtigen, schneebedeckten Watzmann. Vielleicht passiert ja doch noch etwas Spannendes? Tatsächlich öffnete sich die Wolkendecke langsam. Und dann trat hinter dem Watzmann plötzlich dieses helle Leuchten hervor. Da war es doch noch – das gewisse Extra. Planänderung II: Das Essen muss warten. Ich lief zügig zurück zum Auto, schnappte meine Kamera und schoss dieses Foto, ehe die Wolken den Mond wieder verdeckten.

Watzmann
Bayern

21:05
04/2021

200 mm
f4.5 1/250 ISO800

Chiemsee Bayern
06:46 01/2022
70 mm f2.8 1/250 ISO200

Akte Chiemsee Leo Thomas

↑ »In der Ferne auf dem Steg erblickte ich eine Frau in einem langen Mantel. Sie stand regungslos da und starrte mit festem Blick in meine Richtung. Es lief mir kalt den Rücken hinunter.« So in etwa beginnt der Krimi, den ich mir zu meinem Bild vom Chiemsee ausmale. Es ist kurz vor Sonnenaufgang entstanden, und unsere Foto-Tour verlief anders, als vorgesehen. Eigentlich wollten Hannes, Frauke und ich den See mit den Bergen im Hintergrund im frühen Sonnenlicht fotografieren. Doch als wir uns im Nebel wiederfanden, mussten wir improvisieren. Und so wurde Frauke zur mysteriösen Frau auf dem Steg.

Keep me in the loop Leo Thomas

→ Auf dieses Kunstwerk mit dem etwas sperrigen Namen »Tiger & Turtle – Magic Mountain« trifft man im Angerpark in Duisburg. Die begehbare Achterbahn-Skulptur ist 2010 entstanden, als das gesamte Ruhrgebiet zur europäischen Kulturhauptstadt erklärt wurde. Besonders eindrucksvoll wirkt sie in der Dunkelheit, wenn sie von vielen kleinen LED-Lichtern illuminiert wird. So, wie in der frühen Februar-Dämmerung, als ich sie mit meinen Freunden Fabi und Anna besichtigte. Ich bat die beiden, sich an zwei Stellen der Achterbahn zu positionieren, die ich mir vorher genau überlegt hatte, und drückte den Auslöser. Der Titel »Keep me in the loop« ist meiner Schwester später in den Sinn gekommen, als sie das Foto betrachtete, es bedeutet so viel wie »halte mich auf dem Laufenden«. Selten war ich glücklicher über eine Bild-Text-Kombination.

Duisburg
Nordrhein-Westfalen
07:32
02/2022
31 mm
f2.8 1/320 ISO320

Bottrop
Nordrhein-Westfalen
19:11
02/2022
35 mm
f1.4 1/50 ISO320

Cyberpunk Bottrop

Leo Thomas

↑ Ein Ausflug mit Fabi und Anna auf die Bottroper Halde Beckstraße. Eine der bekanntesten Halden des Ruhrgebiets, auf der heute eine gigantische stählerne Aussichtsplattform steht – der Tetraeder. Das Industriedenkmal baute sich in der blauen Stunde vor uns auf, wie ein außerirdisches Wesen. Es ging eine dystopische Stimmung von ihm aus. Eine spektakuläre Kulisse, die uns an Science-Fiction- und Cyberpunk-Filme erinnerte.

Alter Flecken, neues Glück Lennart Pagel

↓ Nein, was hier zu sehen ist, ist keine computergenerierte Grafik! Es handelt sich um den historischen Kern von Freudenberg, der auch Alter Flecken genannt wird. Das Fachwerkstädtchen im Siegerland wurde nach einem Großbrand im Jahre 1540 in einem exakten geometrischen System wieder aufgebaut. Es sollte zwischen den Häusern so viel Abstand gewähren, dass kein Feuer mehr überspringen können sollte. Leider kam es 1966 erneut zur Katastrophe. Doch Fürst Johannes von Nassau-Siegen verfügte, Freudenberg nach den Grundrissen von 1540 wieder aufzubauen.

Freudenberg
Nordrhein-Westfalen
05:58
03/2018
40 mm
f8.0 3s ISO400

Begegnung mit einem Schneeriesen

Steffen Egly

↑ Der Winter im Schwarzwald 2020/2021 ist mir in besonderer Erinnerung geblieben. In den höchsten Lagen waren die Temperaturen über einen längeren Zeitraum unter dem Gefrierpunkt und es schneite ungewöhnlich viel. Das führte dazu, dass an den Nadelbäumen einzigartige Strukturen heranwuchsen, welche man eher mit Finnland assoziieren würde. Nachdem wir den Feldberg bestiegen hatten, stampfte ich mit meiner Freundin durch den tiefen Schnee zurück zu unserem Auto und wir entdeckten diese besonders eindrucksvolle, dinosaurierähnliche Kreatur. In der blauen Stunde der hereinbrechenden Nacht umgab sie eine mystische Stimmung. Gesteigert wurde dieser Eindruck durch die Stirnlampe, mit der meine Freundin die Kreatur ausleuchtete. Sie ließ sie wie eine Außerirdische erscheinen.

Hochschwarzwald
Baden-Württemberg

17:22
01/2021

52 mm
f2.8 1/25 ISO1000

Early birds Steven Weisbach

↓ Was für ein Bilderbuchmorgen! Ich hatte mich gefühlt viel zu früh zur Watzmann-Überschreitung aufgemacht. Bei dieser anspruchsvollen Wanderung umrundet man das dominante Bergmassiv der Berchtesgadener Alpen und gelangt von einem der drei Gipfel zum nächsten. Ich war noch tierisch müde, wollte aber unbedingt den Sonnenaufgang hoch oben auf dem Berggrat erleben. Zunächst sah es so aus, als würde es nicht klappen. Ich mühte mich durch dichten Nebel, der Himmel war noch nicht einmal zu erahnen. Doch dann stand ich auf dem Weg zum ersten Gipfel, dem Hocheck, plötzlich über den Wolken. Der Tag dämmerte herauf. Eine unfassbare Stimmung. Ich genoss die Stille und den Anblick des Nebelmeers für einige Zeit. Danach setzte ich meinen Weg wie im Rausch fort.

Watzmann Bayern 04:54 06/2021 20 mm f4.0 1/80 ISO250

Fichtelberg
Sachsen
18:51
02/2019
29 mm
f13.0 25s ISO400

Lappland in Sachsen Kilian Schönberger

← Normalerweise sind die Alpen und die Mittelgebirge im Süden mein bevorzugtes Winterrevier. Manchmal jedoch herrschen Wetterbedingungen, die das Erzgebirge in Deutschlands schönste Schneelandschaft verwandeln. So, wie in dem Moment, als dieses Foto auf dem 1.215 Meter hohen Fichtelberg entstand. Eine Luftmassengrenze lag quer von Westen nach Osten über dem Land. Südlich davon sorgten milde Temperaturen für Tauwetter bis in die Hochlagen. Das Erzgebirge aber lag nördlich noch knapp im Einflussgebiet der Kaltluft. Das führte dazu, dass ich rund um den Gipfel des Fichtelberges eine einmalig schöne Winterlandschaft vorfand, die eher an Lappland als an ein deutsches Mittelgebirge erinnerte. Besonders zur blauen Stunde ergaben sich surreal wirkende Lichtstimmungen.

Schwung im Nachthimmel Frauke Hameister

→ An diesem Foto mag ich, dass es so anders ist, als die meisten von mir. Es herrscht nicht wie sonst so oft bei mir eine bläuliche oder goldene Farbstimmung. Es ist viel dunkler und eben eher lila. Das Ergebnis einer failed mission: Nach einem Wandertag in den Berchtesgadener Alpen wollte ich eigentlich den Sonnenuntergang am Königssee fotografieren, doch daraus wurde nichts, weil ich zu spät dran und der Himmel wolkenverhangen war. Ich spazierte noch ein wenig durch die Gegend und entdeckte dieses Motiv.

Königssee
Bayern
21:11
06/2020
16 mm
f2.8 1/400 ISO1600

Naturgewalt Thomas Glomm

↓ Lange Zeit hatte ich von einem Blitzfoto geträumt. Am 22. Mai 2016 war es endlich so weit: Es war ein Gewitter nach Sonnenuntergang angekündigt und mir gelang diese Aufnahme vom Himmel über Neumarkt in der Oberpfalz. Es war der perfekte Zeitpunkt für ein Unwetterfoto, denn vor dem Sonnenuntergang hätte sich der Blitz nicht so sehr vom Umgebungslicht abgehoben. Außerdem lässt sich in der Nacht viel leichter eine lange Belichtungszeit realisieren, was die Wahrscheinlichkeit steigert, einen Blitz zu erwischen. Wichtig ist es bei einem Blitzfoto, vor oder hinter das Gewitter zu gelangen und nicht mitten hinein. Fällt Regen, führt das zu unschönen Streifen im Bild, mal ganz abgesehen davon, dass es natürlich nicht gut ist, wenn die Ausrüstung pitschnass wird.

Neumarkt in der Oberpfalz
Bayern
22:28
05/2016
21 mm
f8.0 30s ISO320

Elektrisierendes Regensburg

Thomas Glomm

↑ Nach meinem Blitzfoto in Neumarkt war ich begeistert von der Blitzfotografie (siehe vorherige Seite). Als kurze Zeit später ein Unwetter über Regensburg angekündigt war, machte ich mich daher sofort auf den Weg in die wunderschöne Altstadt. Ich positionierte mich auf dem Eisernen Steg, der über die Donau führt, um den Dom aufs Bild zu bekommen, stellte eine lange Belichtungszeit ein und wartete, bis es knallte. Ein wunderbarer Blitz quer hinter den Domtürmen! Wieder mal großes Glück gehabt.

Regensburg
Bayern

22:06
06/2016

35 mm
f11.0 25s ISO400

Mecklenburgische Seenplatte
Mecklenburg-Vorpommern
23:39
07/2015
17 mm
f8.0 123s ISO1600

Mondscheinmoment Kilian Schönberger

↑ Manche Motive lassen sich nicht planen. Nach einem langen Sommertag in den Wäldern Mecklenburg-Vorpommerns war ich unterwegs zu meiner Unterkunft. Die Nacht war längst hereingebrochen, aber der Vollmond am Himmel sorgte für ein Quäntchen Licht über der von unzähligen Seen durchzogenen Landschaft. Besonders im Wasser spiegelte sich sein kühles Licht. An einem der für mich namenlosen Seen entdeckte ich zwei Boote an einem Steg im Schilf. Zusammen mit dem Mondlicht ein wunderbares Motiv. Die Herausforderung bei derartigen Aufnahmen ist die richtige Balance zwischen Licht und Schatten. Nach der Aufnahme verweilte ich noch ein wenig, um die nächtliche Stimmung zu genießen, dann setzte ich meinen Weg um eine nächtliche Erinnerung reicher fort.

Vom einfachen Leben Kilian Schönberger

→ Irgendwo in Autobahnnähe zwischen Dortmund und Hannover Ich war unterwegs zu einem Workshop an der Ostsee am nächsten Tag, als ich entlang der Fahrbahn Nebelschwaden wahrnahm. Spontan nahm ich die nächste Ausfahrt, ohne konkret zu wissen, welche Motive auf mich warten würden. Ich folgte schmalen Straßen mit brüchiger Asphaltdecke, bis ich vor dieser gemauerten Scheune stand. Zweckmäßige Landarchitektur ohne schmückenden Ballast. Die einfachen Formen des Gebäudes, verbunden mit Nebel, Kornfeld und Sichelmond, stehen für mich für den Traum vom einfachen Landleben.

Münsterland
Nordrhein-Westfalen

04:09
05/2019

34 mm
f11.0 1/10 ISO400

Schwarzwald
Baden-Württemberg
07:58
02/2015
17 mm
f8.0 30s ISO400

Vom Schneesturm gezeichnet

Kilian Schönberger

↓ Rund um den Schauinsland im Schwarzwald (1.284 Meter) finden sich auf freier Fläche alte Buchen, die seit Jahrzehnten Wind und Wetter widerstehen. Die Bäume sind vom Kampf mit den Elementen gezeichnet, es scheint, als würden sie vor dem allgegenwärtigen Westwind fliehen wollen. Aber nicht nur die Buchen müssen dort oben dem Sturm trotzen, auch Fotografen haben es nicht leicht. Bei nächtlichem Schneesturm konnte ich zusehen, wie die Straße vor mir von Schneewehen verschluckt wurde. Trotz geländegängigem Fahrzeug kam ich bald nicht mehr weiter, vor mir türmte sich ein halber Meter Schnee auf und auch hinter mir verschwand die Fahrbahn wieder unter Treibschnee. Ich wartete ab. Erst, als es zu dämmern begann, räumte mir eine Schneefräse den Weg zu den windgepeitschten und vereisten Bäumen frei und ich konnte endlich meine Aufnahme machen.

Taunus Hessen 08:27 01/2019 40 mm f4.0 1/800 ISO100

Im Schatten der Erde Lennart Pagel

↑ Blutmond – was nach dem Titel eines Fantasyromans klingt, steht für ein seltenes Naturphänomen, bei dem der Mond tatsächlich rot erscheint. Der Mond durchquert den Erdschatten, bis er sich komplett im Kernschatten befindet. Es fällt kein direktes Sonnenlicht mehr auf die Oberfläche. Es strahlen lediglich die langwelligen roten Strahlen des Sonnenlichts auf den Mond, da sie als einzige die Erdatmosphäre durchdringen.

Warnemünde
Mecklenburg-Vorpommern
20:50
05/2021
55 mm
f4.5 1/250 ISO800

Speicherstadt, Land, Fluss Lennart Pagel

Speicherstadt Hamburg
18:30 12/2016
20 mm f1.4 1/60 ISO400

↑ Die Speicherstadt zählt zu den spannendsten Teilen Hamburgs und sollte bei einer Erkundungstour der Hansestadt unbedingt auf der Liste stehen. Ihre knapp hundert Jahre alten Backsteingebäude wurden auf tausenden Eichenpfählen gebaut, damit sie nicht in den schlammigen Elbkanälen versinken. Dieses Foto schoss ich mit Blick auf das Wasserschloss, einem Teekontor und Restaurant auf einer Halbinsel. Eines der schönsten Motive der Speicherstadt. Die warm leuchtenden Lampen entlang der Kanäle bildeten einen schönen Kontrast zum kühlen Blau des Himmels.

Abendschwimmen Felix Gänsicke

← Es ist sehr erfrischend, nach einem langen Winter im Neoprenanzug in die kalte Ostsee zu springen. Mein Kumpel Lucas und ich pflegten dieses Ritual lange Zeit, dann zog er weg aus Rostock. Als dieses Foto entstand, kamen wir endlich wieder zusammen, um es wieder aufleben zu lassen. Nach dem Sprung ins Wasser fühlt man sich zunächst wie schockgefroren, doch kurz darauf macht sich im Neo Wärme breit. Um den Kopf herum ist es natürlich weiterhin sehr frisch. Für mich die beste Art, um aus der Winterstarre zu erwachen und den Frühling zu begrüßen.

Schwarzwald
Baden-Württemberg
18:51
10/2020
35 mm
f1.4 1/40 ISO1250

Lichtschwärmer Leo Thomas

← Das Ende eines Produktionstages im Schwarzwald. Ich hatte mit meinem Kumpel Daniel für eine Werbekampagne Bilder vom Glaswaldsee gemacht. Auf dem Rückweg lichtete sich plötzlich der Wald. Die kahle Fläche vor uns gab den Blick frei auf das letzte Licht des Tages. Ich hatte sofort ein Bild im Kopf. Ein wichtiger Bestandteil war der Parka, den ich an diesem Abend trug. Die Silhouette, die er erzeugte, schien mir wie gemacht für diese Szenerie. Ich stellte mich daher selbst ins Bild und bat Daniel, die Kamera für mich auszulösen.

Die Bewohner des Moors Florian Wenzel

→ Ich befand mich mitten im Wurzacher Ried und war umgeben von Nebel. Das Moorgebiet liegt etwa 50 Kilometer Luftlinie südlich von meiner Heimatstadt Ulm und lässt sich erkunden, indem man an einer der Führungen des örtlichen Naturschutzzentrums teilnimmt. Lohnt sich sehr, kann ich nur sagen. Ich kam mir vor wie in einer Parallelwelt, als ich wahrnahm, wie sich die toten Bäume um mich herum im trüben Wasser spiegelten. Mag sein, dass diese Szenerie auf den ersten Blick etwas bedrückend wirkt, auf mich wirkte sie in diesem Moment jedoch unfassbar beruhigend.

Oberschwaben
Baden-Württemberg
07:03
10/2020
70 mm
f5.6 1/200 ISO200

Sternennacht im Nationalpark

Max Fischer

↓ Eine Sommernacht im Wald, allein unter Millionen funkelnder Sterne. Der Nationalpark Hunsrück ist einer der wenigen Orte in Deutschland, an denen dieser Traum vieler Naturliebhaber wahr werden kann. In einem Trekking-Camp in der Wildnis. Ich verbrachte hier 2020 eine Nacht und kurz vor Mitternacht stand die Sommer-Milchstraße beinahe senkrecht am Himmel. Schon mit bloßem Auge sehr eindrucksvoll und durch die Kamera umso mehr.

Hunsrück-Nationalpark
Rheinland-Pfalz
23:30
08/2020
24 mm
f4.0 30s ISO3200

Klettern unter den Sternen

Steven Weisbach

↑ Der Höhepunkt einer Kletterei, die schon am Nachmittag begonnen hatte. Ich war mit Freunden zum Türkenkopf gefahren, einem Klettergipfel nördlich von Rathen in der Sächsischen Schweiz. Von einfachen bis sehr schweren Routen ist hier alles zu finden. Wir hatten uns ausgetobt und wollten uns nach Sonnenaufgang nur kurz ausruhen. Doch dann bemerkten wir den Neumond und den aufziehenden Sternenhimmel und blieben länger als gedacht. Logisch, dass ich meine Kamera noch mal rausholte.

Elbsandsteingebirge
Sachsen
19:38
11/2020
20 mm
f4.0 20s ISO400

Bonn
Nordrhein-Westfalen
22:13
04/2019
33 mm
f2.8 4s ISO500

Mon Chéri Lennart Pagel

↑ In der Bonner Heerstraße stehen über 300 japanische Kirschbäume, die jedes Jahr im Frühling zu einem ganz besonderen Naturschauspiel führen. In ihrer Blüte verzaubern sie die Straße in einen rosafarbenen Tunnel. Am liebsten spaziere ich am Abend durch sie hindurch. Die Straßen sind leerer als tagsüber und es herrscht eine ganz besondere Lichtstimmung: Statt des Sonnenlichts bilden Straßenlaternen die primäre Lichtquelle und beleuchten die Blüten von unten.

Blaue Stunde in Rothenburg

Thomas Glomm

↓ Die bekannte Gerlachschmiede und das Rödertor in Rothenburg ob der Tauber. Die geschlossene Blende mit f16 ermöglichte es mir schon kurz nach Sonnenuntergang, mit einer Belichtungszeit von 25 Sekunden zu arbeiten. Vorteil dadurch: Die durchfahrenden Autos hatten mehr Zeit, um die Lichtspur zu setzen. Die warmen Töne des angestrahlten Turms, das Licht der Lampe an der Gerlachschmiede und die Auto-Lichtspur machen dieses Bild für mich zu etwas Besonderem.

Rothenburg ob der Tauber
Bayern
22:04
06/2020
31 mm
f16.0 25s ISO200

Quermarkenfeuer Rotes Kliff
Schleswig-Holstein

21:21
11/2021

24 mm
f2.8 10s ISO100

Nachtlichter

Manuel Dietrich

↑ Nach vier komplett verregneten Tagen auf Sylt wurde endlich eine Lücke in der Wolkendecke vorhergesagt. Der einzige Haken: Diese Lücke war für elf Uhr am Abend angesagt. Der Frust der vorangegangenen Tage war so groß, dass wir dieses fotografisch eigentlich nicht sonderlich vielversprechende Zeitfenster nutzten und dem Quermarkenfeuer beim Roten Kliff einen Besuch abstatten. Als wir uns auf dem Steg dem Leuchtturm näherten, war uns schnell klar, dass das genau die richtige Entscheidung war: Die Lichtkulisse hätte einfach nicht schöner sein können.

Winterliches Blau am Brocken

Anton Baranenko

↓ Die Brockenbahn gehört in der deutschsprachigen Fotocommunity wohl unbestritten zu den spannendsten sich bewegenden Motiven. Egal wie kalt, neblig oder windig es auf 1.142 Metern ist: Das Warten auf den deutschen Polarexpress lohnt sich jedes Mal. An diesem Dezemberabend waren meine Füße schon eisig gefroren, aber Aufgeben kam nicht infrage. Dafür waren die Lichtverhältnisse der blauen Stunde zu eindrucksvoll. Schon die Landschaft allein war von unbegreiflicher Schönheit, durch die sich hindurchschlängelnde Brockenbahn wurde es atemberaubend.

Brocken Sachsen-Anhalt · 16:20 12/2021 · 35 mm f3.2 1/400 ISO1000

Peenetal
Mecklenburg-Vorpommern
07:06
10/2021
200 mm
f2.8 1/100 ISO1000

Schaurig schön Leo Thomas

↑ Tausende toter Bäume ragen aus dem Moorgebiet im Peenetal und auf ihnen thront eine Vielzahl an Vogelarten. Sie finden Zuflucht im riesigen, weitgehend unberührten Naturschutzgebiet der Mecklenburgischen Seenplatte. Als ich frühmorgens an einem Straßenrand stand, um dieses Foto zu machen, wehte mir ein penetranter, modrig-fauler Geruch entgegen. Angesichts der schaurig-schönen Szenerie spielte das jedoch schnell keine Rolle mehr. Als ich mich mit der Kamera der Wasseroberfläche so dicht wie möglich näherte, um die Spiegelung sauber zu fotografieren, war er schon wie verflogen.

Im Dunkeln wird gewoben Leo Thomas

→ Wer kennt es nicht: dieses Gefühl, wenn man durch ein Spinnennetz gelaufen ist. Es ekelt einen, wenn man nicht sicher sein kann, wo sich die Spinne befindet – krabbelt sie etwa gerade durch meine Haare? Als ich an einem Oktoberabend auf Usedom durch einen Wald wanderte, blieb mir derart Unangenehmes erspart. Ich trug eine Stirnlampe und erkannte das Netz rechtzeitig, das vor mir zwischen den Bäumen hing. Gut für mich und gut für die Spinne, deren faszinierende Fleißarbeit erhalten blieb.

Usedom
Mecklenburg-Vorpommern
17:44
10/2021
35 mm
f1.4 1/80 ISO320

Ein Meer aus Wolken

Marina Weishaupt

↓ Eine meiner liebsten Wanderungen der vergangenen Jahre führte mich auf das Rangiswanger Horn. Zunächst ging es durch verschneite Wälder und schließlich durch Tiefschnee. Das sanfte Sonnenlicht ließ die kleinen Eiskristalle in der Luft glitzern. Ein völlig anderes Wetter erwartete mich und meinen Mitwanderer, nachdem wir die Wolkendecke durchbrochen hatten. Die Luft war so klar, dass wir mit einer Rundumsicht auf die Voralpen belohnt wurden. Sogar das schweizerische Alpstein-Gebirge war zu erkennen.

Rangiswanger Horn
Bayern

16:53
11/2020

50 mm
f4.5 1/250 ISO320

Monschau Nordrhein-Westfalen 09:02 12/2017 23 mm f3.2 1/125 ISO1000

Mittelalterliches Monschau Leo Thomas

↑ Monschau verzaubert einen mit seiner mittelalterlichen Romantik. Die Fachwerkhäuser ähneln einander und wirken doch, als wären sie wahllos nebeneinander gesetzt worden, so sehr unterscheiden sie sich in Breite und Höhe. Im Licht der blauen Stunde ein mystischer Anblick. Ich besuchte die Stadt gemeinsam mit Michiel, einem belgischen Freund. An einem kalten und ungemütlichen Morgen. Ich sehnte mich sehr danach, in einem der Häuser, aus deren Schornsteinen schon Rauch drang, am Kamin zu sitzen.

Berchtesgaden
Bayern
16:30
01/2019
28 mm
f2.8 1/120 ISO100

Mondwanderung Frederik Schindler

↑ In Berchtesgaden lag teilweise bis zu fünf Meter hoher Schnee. Mit Gabor, einem Freund und Fotografen aus Ungarn, stapfte ich bereits den ganzen Tag durch die Winterlandschaft und suchte nach Motiven. Als die Sonne unterging, sah ich, wie das Licht nach und nach hinter einem Gebirgsgrat verschwand. So schnell ich konnte, kämpfte ich mich durch den Schnee und erwischte genau den kurzen Moment, als das Licht in einem besonders spitzen Winkel erstrahlte, bevor es ganz verschwand. Aufgrund der Simplizität bis heute eines meiner Lieblingsbilder.

Letzte Zuflucht

Frederik Schindler

↓ Diese Hütte entdeckte ich auf einer langen Wanderung durch den Tiefschnee der Berchtesgadener Alpen. Sie war auf einer Seite komplett eingeschneit und auf der anderen hatten sich durch den Wind interessante Strukturen im Schnee ergeben. Als das Tageslicht langsam verschwand, war der perfekte Moment für eine Aufnahme gekommen. Die Hütte und ihre Umgebung gaben schon allein ein surreales, mystisches Bild ab, zusammen mit dem Wanderer aber bekam es die richtige Spannung und eine eigene Story. Als alles im Kasten war, war ich total überwältigt.

Berchtesgadener Land
Bayern
16:48
01/2019
28 mm
f4.0 1/120 ISO100

Oberschwaben
Baden-Württemberg
07:54
10/2020
104 mm
f4.0 1/4000 ISO100

Das Licht trügt **Florian Wenzel**

↑ Lange bevor das morgendliche Zwitschern der Vögel erklang, ging ich über den feuchten Boden des Moors. Luftfeuchtigkeit durchzog das Wurzacher Ried und der Nebel erschien vor mir wie eine Wand. Die Umrisse der Bäume ließen sich nur langsam erahnen, ganz klar wurden sie nicht. Die aufgehende Sonne, die diffus durch den Nebel schien, machte die Szenerie nur noch mystischer. Sie wirkte eher wie ein aufgehender Mond, der sich in der Tageszeit geirrt hatte.

Main Attraktion

Lennart Pagel

Vor diesem Foto hatte ich Frankfurt bereits unzählige Male besucht und die Stadt aus etlichen Perspektiven abgelichtet. Doch eine fehlte mir noch: die Vogelperspektive. So kam es, dass ich eines Abends in den Lift des Main Towers stieg, der mich innerhalb von 45 Sekunden auf die 200 Meter hohe Aussichtsplattform beförderte: In der Ferne verglimmte die Sonne, vor mir ruhten die Gebäude der Stadt in kühlem Blau, perforiert von kleinen, warmen Lichtern. Frankfurt, so ruhig, wie ich es noch nie erlebt hatte.

Frankfurt
Hessen
18:29
10/2021
52 mm
f2.4 0,5s ISO100

Zwischen Vergänglichkeit und Leben

Marina Weishaupt »O schaurig ist's über's Moor zu gehn, wenn es wimmelt vom Heiderauche«, dichtete einst Annette von Droste-Hülshoff. Gruselige Mythen und Sagen ranken sich teilweise bis heute um Deutschlands Moore.

Wenn früh morgens der Mondschein über der weiten Landschaft erstrahlt und die weißen Nebelschwaden hindurchziehen, ist es ein Leichtes, sich in schaurig schönen und tragischen Geschichten aus längst vergangenen Zeiten zu verlieren. Die Moore im Süden Deutschlands sind nicht nur perfekte Orte dafür, genau hier könnten sich die Geschichten ereignet haben.

Ehe die Melodien der heimischen Vögel erklingen, sind einzig die eigenen Schritte entlang der schmalen, nassen Pfade zu hören. Die Pfade sind teilweise von Büschen, Bodenpflanzen oder Gras bedeckt. Es wirkt, als empfinge das Moor Wurzacher Ried nur ungern Besucher. An dem Torfsee mit seinem säurehaltigen Wasser angekommen, offenbart sich ein fast unwirklicher Anblick. Vor der Dämmerung lassen sich die unzähligen Bäume lediglich als verwunschene Silhouetten im dichten Dunstschleier erahnen. Die Stille hinterlässt ein mulmiges Gefühl. Nicht unbedingt einladend – aber für Fotografiebegeisterte eine wahre Schatzgrube.

Mit Einbruch der blauen Stunde gelangt Licht in die düstere Umgebung und der leblose Moorkiefernwald bietet sich als eindrucksvolles Motiv an. Im weiten Winkel der typischen Linsen der Landschaftsfotografie scheinen die toten Moorkiefern jedoch in der ausgedehnten Landschaft zu verschwinden. Um sie näher und größer darstellen zu können, ist der Griff zu einer längeren Brennweite zu empfehlen.

In entgegengesetzter Richtung schafft es die aufgehende Sonne kaum, sich durch den dichten Nebel zu kämpfen. Trotzdem verändert sich die Lichtstimmung minütlich. Schemenhaft zeichnet sich die Sonne über den Baumkronen ab. Hier ist es ratsam, die Szenerie mit offenen Augen zu erkunden und den Blick auch mal vom vermeintlichen Hauptmotiv des Baumbestands abzuwenden. So lassen sich vielseitige Eindrücke festhalten – sogar an Orten, die zunächst unscheinbar und eintönig wirken.

Im Wurzacher Ried lauert also glücklicherweise keine Gefahr. Ganz im Gegenteil: Hier warten vielfältige Fauna und scheinbar unberührte Flora darauf, entdeckt – und fotografiert – zu werden. Das war nicht immer so. Anfang der 1960er-Jahre kam der industrielle Abbau von Brenntorf im Wurzacher Ried vollständig zum Erliegen. Bis 1995 wurde Torf nur noch für medizinische Zwecke abgebaut, ab 1996 lief auch dafür die Genehmigung aus. Seitdem wurden die ehemaligen Torfgruben wiedervernässt und renaturiert. Es dauerte einige Zeit, bis sich die Natur um das ehemalige Torfabbaugebiet wieder eingespielt hatte. Mittlerweile gilt das größte Hochmoor Mitteleuropas als eines der ausgedehntesten und wichtigsten Naturschutzgebiete Süddeutschlands. Die sich ständig verändernde Vegetation verleiht den ursprünglichen Landschaftsformen ganzjährig vielerlei Gesichter. Wollgras bedeckt die Feuchtwiesen im Frühjahr, blühendes Heidekraut färbt das Gebiet im Sommer und im Herbst tauchen die Heidelbeeren und Birken die Landschaft in bunte Farben.

Das Gebiet gilt also aus vielerlei Gründen als besonders schützenswert. Im Gegensatz zu vielen anderen Orten gibt hier die Natur noch selbst die Regeln vor. Der Zugang zu Bereichen wie dem hier fotografierten Hochmoor mit seinen sauren Torfseen ist deshalb für die Öffentlichkeit nur äußerst beschränkt möglich.

Ortsregister nach touristischen Regionen

Schwangau
Bayern
08:10
04/2019
26 mm
f2.2 1/500 ISO100

Königreich des Nebels

Manuel Dietrich

← Wer kennt es nicht, das Schloss Neuschwanstein? Dass nebenan auch noch sein kleiner Bruder steht, das Schloss Hohenschwangau, wissen dagegen die wenigsten. Dementsprechend gibt es von dem neugotischen Gemäuer auch verhältnismäßig wenige Aufnahmen. Ein Umstand, dem ich entgegenwirken wollte, als ich mich an einem klaren Frühlingsmorgen auf den Weg zu ihm machte. Ich wurde für meine Neugier belohnt: Das Schloss erhob sich vor mir so majestätisch aus dem Nebel, dass ich kaum aufhören konnte zu staunen.

Ortregister nach Bundesländern

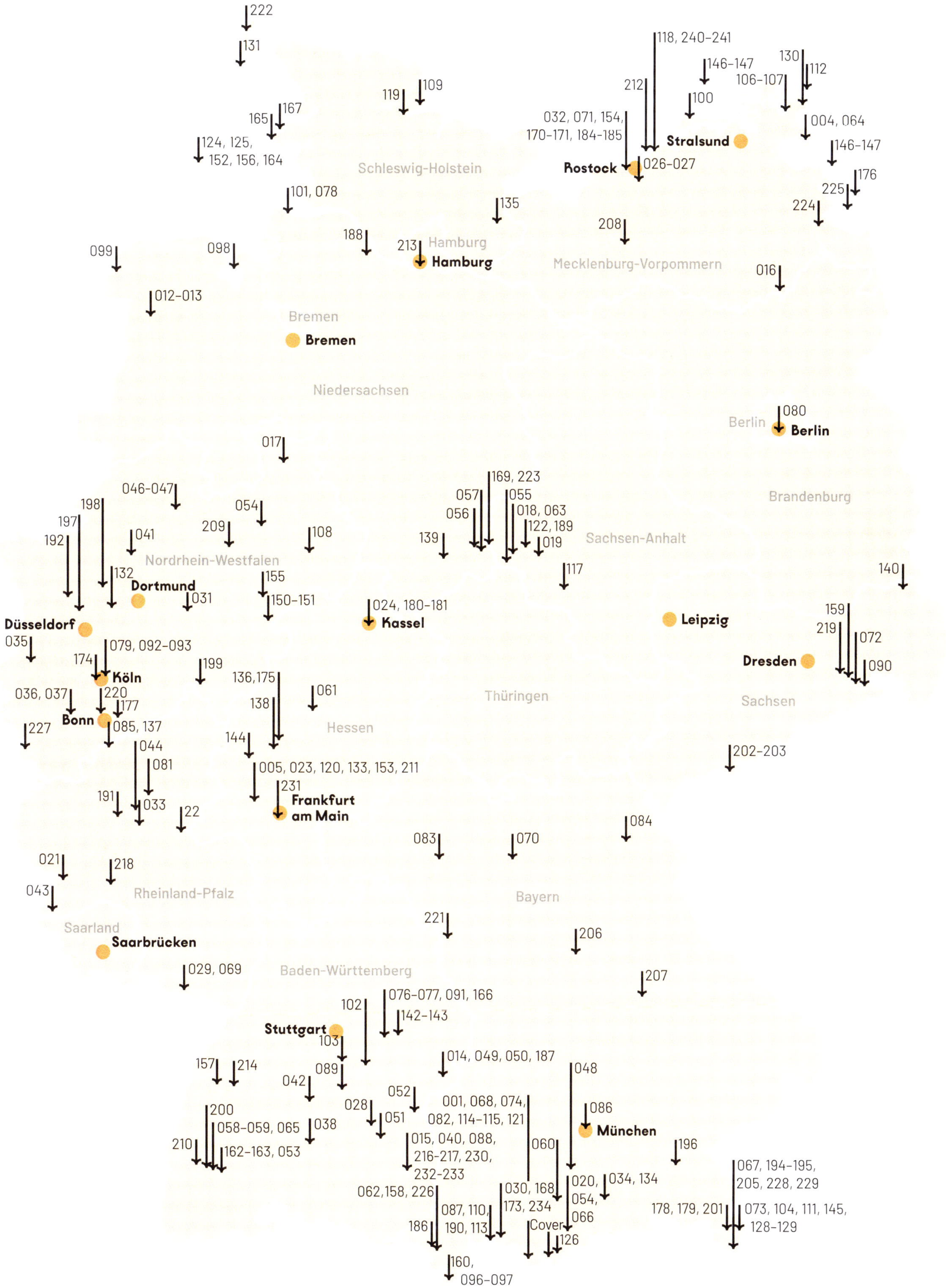
222
131
118, 240–241
146–147
130
112
119
109
212
106–107
165
167
100
032, 071, 154,
170–171, 184–185
004, 064
124, 125,
152, 156, 164
Stralsund
146–147
Schleswig-Holstein
Rostock
026–027
176
101, 078
225
135
224
208
188
213
Hamburg
Hamburg
099
098
Mecklenburg-Vorpommern
016
012–013
Bremen
Bremen
Niedersachsen
080
Berlin
Berlin
017
169, 223
046–047
057
055
Brandenburg
198
054
056
018, 063
197
209
108
122, 189
041
139
019
Sachsen-Anhalt
192
Nordrhein-Westfalen
117
140
132
155
Dortmund
031
150–151
024, 180–181
159
Düsseldorf
Kassel
Leipzig
219
072
035
079, 092–093
174
199
Dresden
090
Köln
136,175
061
036, 037
220
138
Thüringen
Sachsen
177
Bonn
085, 137
Hessen
227
144
044
202–203
081
005, 023, 120, 133, 153, 211
231
191
033
Frankfurt am Main
22
084
083
070
021
218
043
Rheinland-Pfalz
Bayern
221
Saarland
206
Saarbrücken
029, 069
Baden-Württemberg
207
076–077, 091, 166
102
142–143
Stuttgart
103
014, 049, 050, 187
157
214
048
089
042
052
001, 068, 074,
082, 114–115, 121
028
086
200
051
München
058–059, 065
038
060
196
210
015, 040, 088,
216–217, 230,
232–233
162–163, 053
067, 194–195,
205, 228, 229
020,
034, 134
062,158, 226
030, 168
054,
173, 234
066
178, 179, 201
073, 104, 111, 145,
128–129
087, 110,
190, 113
Cover
126
186
160,
096–097

Impressum

Gräfe und Unzer ist eine eingetragene Marke der GRÄFE UND UNZER VERLAG GmbH, www.gu.de

ISBN 978-3-8338-8759-8
1. Auflage 2022

Projektleitung: Benjamin Happel
Konzeption & Kuration: Johannes Höhn, Lennart Pagel, Leo Thomas
Poesie: Julian Wachendorf
Lektorat: Johan Dehoust
Mitarbeit Verlagsredaktion: Julia Hirner
Schlusskorrektur: Christiane Schwabbaur
Umschlaggestaltung & Layout: Leo Thomas und Nicola Hammel-Siebert, Zebraluchs Weimar
Bildredaktion: Dr. Nafsika Mylona
Herstellung: Renate Hutt, Gloria Schlayer
Grafiken: Leo Thomas
Satz & Kartografie:
Nicola Hammel-Siebert, Zebraluchs Weimar
Tanja Schnurpfeil, Zebraluchs Leipzig
Reproduktion: Medienprinzen, München
Druck: aprinta GmbH, Wemding
Bindung: Conzella, Pfarrkirchen

Umwelthinweis:
Nachhaltigkeit ist uns sehr wichtig. Der Rohstoff Papier ist in der Buchproduktion hierfür von entscheidender Bedeutung. Daher ist dieses Buch auf PEFC-zertifiziertem Papier gedruckt. PEFC garantiert, dass ökologische, soziale und ökonomische Aspekte in der Verarbeitungskette unabhängig überwacht werden und lückenlos nachvollziehbar sind.

Wichtiger Hinweis:
Die Informationen in diesem Buch stellen die Erfahrungen und die Meinung der Autoren dar. Sie wurden von ihnen nach bestem Wissen erstellt und mit größtmöglicher Sorgfalt geprüft. Sie bieten jedoch keinen Ersatz für persönlichen kompetenten medizinischen Rat. Weder die Autoren noch der Verlag können für eventuelle Nachteile oder Schäden, die aus den im Buch gegebenen praktischen Hinweisen resultieren, eine Haftung übernehmen.

GRÄFE UND UNZER
Ein Unternehmen der
GANSKE VERLAGSGRUPPE